Politik verstehen

Deutschlands politisches System

-Basiswissen-

Armin Förster

1. Auflage

2020

ISBN: 9798601855952

Inhaltsverzeichnis

Einleitung

Kein anderes Thema bewegt den modernen Menschen im Alltag so sehr, bietet vergleichsweise viel Gesprächsstoff, Anlass zu Diskussionen, Auseinandersetzungen und Streit wie die Tagespolitik. Wenn wir morgens das Radio einschalten, beim Frühstück die Zeitung lesen oder am Abend fernsehen – politische Berichterstattung aus Gemeinden, Regionen, Bundesländern, aus Deutschland und der gesamten Welt ist allgegenwärtig. Weite Teile des täglichen Diskurses im Internet, allem voran in den sozialen Medien, befassen sich mit den großen und kleinen Ereignissen auf dem politischen Parkett.

Politische Entscheidungen bestimmen unseren Alltag in allen Bereichen. Die Politik ist mit der Wirtschaft ebenso untrennbar verbunden wie mit dem gesellschaftlichen Leben: Ob unsere Kinder einen Platz in einer Kita finden, unter welchen Bedingungen wir arbeiten, wo wir wohnen und wie wir leben, ist in weiten Teilen das Ergebnis politischer Entscheidungen oder wird zumindest von solchen maßgeblich mitbestimmt und beeinflusst.

Gleichzeitig gibt es kaum ein Thema, bei dem so viel Unsicherheit vorherrscht. Politische Bildung zählt zu den Grundaufgaben der Schulbildung. Umfragen bestätigen zudem, dass sich zumindest knapp die Hälfte der Bundesbevölkerung ausdrücklich für Politik interessiert. Trotzdem ist Politik für viele in weiten Teilen das sprichwörtliche Buch mit sieben Siegeln. Zusammenhänge im Detail zu verstehen, fällt oft schwer und wer nicht die Muße findet, sich eingehend mit der Materie zu befassen, verfolgt die Berichterstattung oft, ohne tatsächlich Zusammenhänge zu verstehen oder Gründe, Ursachen und Folgen sachkundig einschätzen zu können.

Nicht selten führt dieses allgemeine Unverständnis zu Frustration, die sich immer wieder auch in geringer Wahlbeteiligung äußert und in vielen Fällen in ein allgemeines Desinteresse umschlägt, das in der Erkenntnis gipfelt, Politik sei etwas für „die da oben“ und der Normalbürger habe ja sowieso keine Einflussmöglichkeiten. Zunehmend lässt sich zudem beobachten, dass politische Extreme und deren organisierte Vertreter Zulauf finden, indem sie komplizierte politische Sachverhalte auf vermeintlich einfach zu verstehende Schlagworte herunterbrechen.

Unser aktuelles politisches System, seine Organe und Mechanismen sind das Ergebnis einer historischen Entwicklung über Generationen hinweg. Es in wenigen Kapiteln eines Buches wie diesem vollständig verständlich zu machen und alle Fragen zu beantworten, die sich dem Interessierten im Alltag stellen, kann unmöglich gelingen. Trotzdem möchte ich versuchen, grundlegende Themen aufzugreifen und unser politisches System in Grundzügen zu erklären. Damit möchte ich es Ihnen ermöglichen, tagespolitische Ereignisse besser zu verstehen und einzuordnen, sich am politischen Diskurs zu beteiligen, und vor allen Dingen Interesse am Thema Politik im Ganzen wecken.

Demokratie – Bedeutung, Abgrenzung, Chancen und Risiken

Eine gängige Definition beschreibt Politik als Summe sozialer Handlungen, basierend auf verbindlichen Entscheidungen und Mechanismen, die das Zusammenleben von Menschen regeln. [1]

Wie und von wem solche Entscheidungen getroffen werden, welche übergeordneten Ziele sie verfolgen und wie sie in der Praxis umgesetzt werden, hängt maßgeblich von der Staatsform und dem Regierungssystem ab.

Die einfachste Unterscheidung zwischen verschiedenen Staatsformen orientiert sich an der Benennung der jeweiligen Träger der Staatsgewalt, also der zur Ausübung hoheitlicher Aufgaben erforderlichen Macht, wie zum Beispiel der Entscheidungsgewalt über Gerichte, Polizei, Verwaltung oder Armee.

Monarchie

In der Monarchie im eigentlichen Sinne geht die Staatsgewalt von einer einzelnen Person aus, üblicherweise einem König oder einer Königin. Für gewöhnlich dem Adel, einer exklusiven sozialen Klasse, angehörend, fungiert ein Monarch als Staatsoberhaupt und politischer Herrscher. Der Herrschaftsanspruch basiert dabei wahlweise auf Erbfolge oder auf Wahl auf Lebenszeit und wird allgemein meist als gottgewollt gerechtfertigt.

Wie weit die Machtbefugnis der Einzelperson geht, variiert bei verschiedenen Formen der Monarchie.

Absolute Monarchie

Die absolute Monarchie ist gewissermaßen die Monarchie in Reinform. Der Monarch besitzt alleinige und uneingeschränkte politische Macht. Ob und in wie weit Entscheidungen delegiert werden, ist alleinige Entscheidung des Monarchen. Kontrollfunktionen sind institutionell nicht vorgesehen und ergeben sich im Selbstverständnis höchstens durch eine höhere, göttliche oder transzendentale Macht.

Der sogenannte Absolutismus hat vor allen Dingen historische Bedeutung. In der Gegenwart finden sich absolutistische Monarchen nur noch in wenigen Ländern wie Brunei, Saudi-Arabien, Oman, Katar, Eswatini (ehemals Swasiland) und per Definition im Vatikanstaat.

Konstitutionelle Monarchie

Wesentliches Merkmal einer konstitutionellen Monarchie ist deren Verfassung. Hatten historisch betrachtet auch in der absoluten Monarchie bereits die verschiedenen Stände einen maßgeblichen Einfluss auf die Gesetzgebung und andere Bereiche der Staatsführung, wird die Macht eines Monarchen in der konstitutionellen Monarchie durch eine geschriebene Verfassung eingeschränkt und reglementiert.

In der konstitutionellen Monarchie steht dem Monarchen eine gewählte Volksvertretung gegenüber, mit der er zumindest in der Gesetzgebung offiziell zusammenarbeiten muss.

Eine Regierung wird in der konstitutionellen Monarchie vom Monarchen ernannt, kontrolliert und kann von ihm auch abgesetzt werden. Gleiches gilt für Gerichte. Kandidaten werden von der Volksvertretung zur Auswahl vorgeschlagen. Gesetze und das Steuerwesen des Staates werden ebenfalls von der Volks- oder Ständevertretung erlassen und vom Monarchen, meist mit Vetorecht, unterzeichnet.

Aktuelle Beispiele für die konstitutionelle Monarchie sind Jordanien, Marokko, Thailand, Monaco oder Bahrain.

Parlamentarische Monarchie

Aufgrund der Stellung des Monarchen wird die parlamentarische Monarchie häufig auch als repräsentative Monarchie bezeichnet. Der Monarch hat keinen maßgeblichen Einfluss mehr auf die Staatsgeschäfte. Die Staatsmacht geht vom Parlament und einer gewählten Regierung aus. Der König oder die Königin erfüllt rein repräsentative Aufgaben, ist an eine Verfassung gebunden, ernennt eine Regierung nur formal und unterzeichnet Gesetze eher symbolisch, meist ohne ein Vetorecht.

Eine Erbfolge bleibt in parlamentarischen Monarchien erhalten. Die Finanzierung der Königshäuser basiert in der Regel auf Steuergeldern.

Die Grenzen zwischen konstitutioneller und parlamentarischer Monarchie sind fließend. Die Staatstheorie geht davon aus, dass sich konstitutionelle Monarchien automatisch und zwangsläufig früher oder später zu parlamentarischen Monarchien entwickeln.

Autokratie, Diktatur, Despotismus, Totalitarismus

Die Staatstheorie kennt weitere Formen der absoluten Herrschaft. Im Wesentlichen zeichnen sie sich durch mangelnde Legitimierung und die meist tyrannischen Methoden der Machtausübung aus.

Während sich die klassische absolute Monarchie zumindest auf ihre Gottgegebenheit beruft und historisch gewachsene

Rechte anerkennt, sind die Herrschenden in diesen Staatsformen durch nichts und niemanden eingeschränkt.

Während der Autokrat ein klassischer Alleinherrscher ist, basiert die Diktatur historisch betrachtet überwiegend auf einer Verfassung, deren Schutz einer einzelnen Person oder einer Gruppe von Personen umfassende Machtbefugnisse zubilligt.

Der Despotismus gleicht in seiner Definition der Autokratie, dem Absolutismus oder der totalitären Diktatur. Zentrales Kennzeichen ist die willkürliche Machtausübung des Herrschenden, der keine Schranken gesetzt sind.

Als totalitär werden autoritäre Diktaturen bezeichnet, die auf einer Ideologie basierend Einfluss auf alle Bereiche des sozialen Lebens nehmen.

Demokratie

Die Demokratie ist die in unserer Zeit weltweit vorherrschende Staatsform. Untersuchungen kommen zu dem Schluss, dass mehr als 60 Prozent aller Staaten weltweit als demokratisch zu betrachten sind. [2]

Im Grundsatz gilt für jede Demokratie, dass die Staatsgewalt vom Volk ausgeht. Einzelne politische Entscheidungen werden direkt von der Gesamtheit des Volkes in Volksabstimmungen getroffen oder aber, in der parlamentarischen Demokratie, von gewählten Volksvertretern. Charakteristisch ist hierbei auch, dass die Demokratie immer die Möglichkeit eines Regierungswechsels bietet. Dies geschieht im Rahmen regelmäßig wiederkehrender demokratischer Systeme mit direkter Beteiligung des Volkes, im Falle der Bundesrepublik, durch Wahlen, die grundlegende demokratische Kriterien erfüllen müssen (vgl. „Das Wahlsystem / Wahlen“).

Die genannte Untersuchung unterscheidet zusätzlich zwischen freien und eingeschränkt freien Demokratien. Freie Demokratien, exemplarisch die Staaten Westeuropas, sind gewissermaßen Demokratien in der beschriebenen Reinform. Eingeschränkt freie Demokratien, nach Bewertung der Untersuchung zum Beispiel auch die Türkei, zeichnen sich durch Abstriche beispielsweise bei der Freiheit der Wahlen, der Religionsausübung oder der Meinungs- und Pressefreiheit aus.

Die Demokratie gilt gemeinhin, zumindest in der westlichen Welt, als die ideale Staatsform. Es finden sich aber immer auch Stimmen, die sie durchaus kritisch betrachten und auf Unzulänglichkeiten hinweisen.

Die Demokratie ist eine Mehrheitsherrschaft. Das bedeutet, zumindest in der Theorie, dass 51 % des Staatsvolks 49 % den Willen aufzwingen. Auch beinhaltet die schrankenlose Demokratie keine zwingende moralische Instanz. Das heißt, auch objektives Unrecht kann demokratisch legitimiert werden.

Ein weiterer Kritikpunkt betrifft das Zustandekommen von Mehrheiten in der Demokratie. Entscheidungen, die im Wahlverfahren von der Mehrheit der Wahlberechtigten getroffen werden, müssen nicht objektiv richtig oder vernünftig sein. Wähler werden gezielt beeinflusst und manipuliert und sind erfahrungsgemäß empfänglicher für einfache, markig vorgetragene Versprechungen als für rationale Problemlösungsvorschläge. Allgemein ist in Demokratien zu beobachten, dass moralische Entscheidungen rationale leicht überstimmen. Auf der anderen Seite beeinflusst die für demokratische Systeme übliche zeitliche Beschränkung der Regierungsperiode den Handlungsspielraum gewählter Vertreter. Eine für jeden Volksvertreter entscheidende Handlungsgrundlage ist die Wiederwahl. Entscheidungen zu treffen, deren positive Ergebnisse sich erst auf lange Sicht zeigen und die vielleicht sogar zu Beginn mit negativen Effekten verbunden sind, scheitert so leicht an der Befürchtung, hierfür kurzfristig vom Wähler die „Quittung“ zu bekommen.

Das politische System der Bundesrepublik

Um tagespolitische Ereignisse nachvollziehen zu können, ist es erforderlich, die Grundzüge des politischen Systems der Bundesrepublik zu verstehen.

Das politische System der Bundesrepublik ist historisch gewachsen und basiert in weiten Teilen nicht zuletzt auf den prägenden Erfahrungen des Dritten Reichs und der Unrechtsherrschaft des Nationalsozialismus, einem letztlich aus demokratischen Wahlen hervorgegangenen totalitären System.

Die parlamentarische Demokratie

Deutschland ist eine parlamentarische Demokratie. Diese Definition beinhaltet zwei Merkmale einer Staatsform, die zwar häufig gemeinsam auftreten, aber doch nicht zwingend aneinander gebunden sind.

Zum einen finden sich Parlamente, wie im vorangehenden Kapitel zum Thema Monarchien beschrieben, auch in konstitutionellen Monarchien. Wie stark deren Einfluss zum Beispiel auf die Gesetzgebung ist, hängt von der jeweiligen Verfassung ab, die es darüber hinaus einem Monarchen auch erlauben kann, das Parlament nach eigenem Ermessen zusammenzusetzen oder bei Bedarf aufzulösen. Zum anderen zeigt zumindest die Geschichte auch Formen der Demokratie, die ohne ein Parlament im klassischen Sinne auskommen. Parlamente setzen sich aus gewählten Volksvertretern zusammen, denen das Wahlvolk für einen begrenzten Zeitraum die politische Entscheidungsbefugnis überträgt.

Der Deutsche Bundestag ist das Parlament der Bundesrepublik, mit Sitz im Reichstagsgebäude in der Bundeshauptstadt Berlin. In ihm sind die in direkten Wahlen vom Staatsvolk bestimmten Volksvertreter als Abgeordnete vereint. Ihre Mitgliedschaft ist mit einer Legislaturperiode auf vier Jahre begrenzt, kann durch Neuwahl jedoch beliebig oft verlängert werden. Der Deutsche Bundestag setzt sich offiziell, laut Bundeswahlgesetz, aus 598 Abgeordneten zusammen. Die Zahl wird durch Überhang- und Ausgleichsmandate (vgl. „Die Bundesregierung / Abgeordnete") deutlich erweitert. Der aktuelle Bundestag (Stand 2019) besteht so aus 709 Mandatsträgern und ist damit das größte frei gewählte nationale Parlament der Welt.

Die Abgeordneten des Bundestages sind in Fraktionen, Gruppen und thematisch in Bundestagsausschüssen organisiert.

Dem Bundestag fallen unterschiedliche Aufgaben zu. Hierzu zählt an erster Stelle die Gesetzgebungsfunktion, die sowohl das Initiativrecht, also die Möglichkeit selbst Gesetzentwürfe einzubringen, als auch die Abstimmung über solche Entwürfe unter Mitwirkung des Bundesrates umfasst.

Außerdem entscheidet der Bundestag über internationale Verträge und Abkommen und beschließt den Bundeshaushaltsplan, in dem für ein oder zwei Jahre der Finanzbedarf für staatliche Aufgaben prognostiziert und die verschiedenen Einnahmen, zum Beispiel aus Steuern, aufgelistet werden.

Der Bundestag wählt als sogenannte Kreationsfunktion den Bundeskanzler als Regierungschef und ist an der Wahl des Bundespräsidenten, der Bundesrichter und anderer Regierungsorgane beteiligt.

Zusätzlich hat das Parlament eine allgemeine Kontrollfunktion und überwacht im Sinne des Allgemeinwohls die Arbeit der Bundesregierung und der staatlichen Verwaltung (vgl. „Gewaltenteilung / Exekutive“).

Die soziale Marktwirtschaft

Grundlegendes Merkmal und Unterscheidungskriterium eines politischen Systems ist seine wirtschaftspolitische Ausrichtung in Gestalt eines Wirtschaftssystems bzw. einer Wirtschaftsordnung. Grundsätzlich unterscheiden lassen sich Marktwirtschaft und Zentralverwaltungswirtschaft. Letztere findet sich seit dem Untergang des kommunistischen Systems in Form realsozialistischer Staaten mit Planwirtschaft heute nur noch zum Beispiel in Nordkorea, in Kuba und zum Teil in der Volksrepublik China. Beide Systeme, die Marktwirtschaft auf der einen Seite, gekennzeichnet durch Privateigentum, Preisbildung anhand Angebot und Nachfrage sowie dezentrale Wirtschaftsprozesse, und Zentralwirtschaft, definiert durch Kollektiveigentum, Preisbindung und Planwirtschaft, auf der anderen Seite, sind in erster Linie theoretische Ansätze. In der Praxis treten sie in Reinform kaum auf. So definiert sich die Bundesrepublik nach eigenem Selbstverständnis als soziale Marktwirtschaft, als Abwandlung der klassischen freien Marktwirtschaft. Der maßgebliche Unterschied zu letzterer besteht darin, dass der Staat gezielt Einfluss nimmt, indem er sozialpolitische, einkommenspolitische, wettbewerbspolitische, strukturpolitische sowie konjunkturpolitische „Spielregeln“ in Gestalt von Gesetzen und Vorschriften aufstellt, deren Einhaltung überwacht und selbst als Eigentümer oder Gesellschafter in Unternehmen auftritt.

Das erklärte Ziel der sozialen Marktwirtschaft besteht darin, einerseits zwar die Vorteile der freien Marktwirtschaft zu nutzen, die vor allen Dingen in ihrer grundlegenden Leistungsfähigkeit bestehen, andererseits soll jedoch gleichzeitig verhindert werden, dass eine zügellose Profitorientierung der Wirtschaft starke negative Auswirkungen mit sich bringt. In einer vollkommen freien Marktwirtschaft wird auf Regulierung in der Annahme verzichtet, der Markt reguliere sich letztlich selbst. Das bedeutet aber auch, dass Unternehmen sich ungestraft Wettbewerbsvorteile durch radikale Maßnahmen verschaffen können. Kündigungsschutz, Mindestlohn, Arbeitsschutz und andere nicht allein betriebswirtschaftlich zu rechtfertigende Maßnahmen bringen als freiwillige Leistungen einem Unternehmen nur dann Vorteile, wenn sie vom Markt, also zum Beispiel von Kunden, belohnt werden, was nur dann relevant ist, wenn ein Unternehmen im direkten, existenziellen Wettbewerb steht. Anders ausgedrückt, viele Unternehmen könnten und würden gut und gerne darauf verzichten, wenn man sie ließe.

In der sozialen Marktwirtschaft schafft der Staat, in Gestalt der Regierung, einen gesetzlichen Rahmen, in dem einerseits Unternehmen unter gleichen Voraussetzungen frei entstehen und sich entwickeln können, andererseits aber die Rechte des

Einzelnen, als Konsument oder Lohnabhängiger, geschützt werden.

Der Staat greift damit aktiv ins Wirtschaftsgeschehen ein. Sein Bestreben liegt dabei darin, diese Einflussnahme so weit wie möglich zu begrenzen, um den Wettbewerb nicht maßgeblich zu beeinträchtigen und gleichzeitig dem Bürger die wirtschaftliche Eigenverantwortung zu erhalten.

Der Föderalismus

Die Bundesrepublik ist ein Bundesstaat. Das heißt, organisatorisch setzt sich Deutschland aus insgesamt 16 gleichberechtigten Bundesländern zusammen. Jedes Bundesland verfügt über eine eigenständige, teilsouveräne Regierung, die Landesregierungen, die untereinander kooperieren und im Bundesrat vereint maßgeblich in die Gesetzgebung eingebunden sind. Die Aufgabe der Länder besteht zudem in der Umsetzung von Bundesgesetzen auf Landesebene.

Daneben übernehmen die Bundesländer vor allen Dingen kulturpolitische Aufgaben. So spricht man auch vom Bildungsföderalismus und beschreibt damit, dass die Bundesländer prinzipiell in der Ausgestaltung des Schulwesens unabhängig sind. Als Kooperativer Föderalismus arbeiten die einzelnen Bundesländer gerade auf dieser Ebene jedoch eng zusammen und versuchen mit der Kultusministerkonferenz einheitliche Grundlagen für das Bildungssystem zu schaffen. So soll auch ein Austausch zwischen den einzelnen Ländern, vor allen Dingen auf dem Arbeitsmarkt, erleichtert werden. Dies wäre kaum möglich, wenn zum Beispiel Schulabschlüsse nicht einen gemeinsamen Mindeststandard erfüllen würden.

Die Bundesländer finanzieren ihre Arbeit, wie auch der Bund, über Steuereinnahmen. Dabei unterscheidet man zwischen Landessteuern, die vollständig an die Bundesländer fließen und Gemeinschaftssteuern, die zwischen Bund, Ländern und Gemeinden aufgeteilt werden. Hinzu kommen Bundessteuern, die dem Bund zustehen, und Gemeindesteuern.

Gemeinschaftssteuern die zu einem festgelegten Prozentsatz zwischen Bund / Ländern / Gemeinden aufgeteilt werden, sind:

- Körperschaftssteuer (50/50/0)
- Lohn- und Einkommenssteuer (42,5/42,5/15)
- Umsatzsteuer (49,6/47,2/3,2)
- Abgeltungssteuer auf Zins- und Veräußerungsverträge (44/44/12)
- Eigenständige Landessteuern, die zu 100 % an die Länderfinanzministerien fließen, sind:
- Erbschafts- und Schenkungssteuer
- Grunderwerbssteuer
- Biersteuer
- Rennwett- und Lotteriesteuer
- Spielbankabgaben
- Feuerschutzsteuer

Aufgrund der stark unterschiedlichen Größe der einzelnen Bundesländer und ihrer unterschiedlichen Wirtschaftskraft gelingt es nicht allen Ländern, sich nach dem genannten Verteilungsprinzip optimal zu finanzieren. Im Sinne der Kooperation findet deshalb schon seit der Kaiserzeit im 19. Jahrhundert ein Finanzausgleich zwischen den Ländern statt. Einfach erklärt, unterstützen der Bund und die wohlhabenderen Bundesländer jene, die nur über geringe Steuereinnahmen verfügen können.

Im Jahr 2017 wurden so 11,2 Milliarden Euro im Länderfinanzausgleich umverteilt. Die Last wird dabei überwiegend von drei Bundesländern getragen:

- Bayern (5,89 Mrd.)
- Baden-Württemberg (2,8 Mrd.)
- Hessen (2,5 Mrd.)

Durch den Länderfinanzausgleich sollen vor allen Dingen gleiche Lebensverhältnisse in allen Bundesländern geschaffen werden. Die größten Empfänger der Ausgleichszahlungen sind Berlin und die ostdeutschen Flächenländer.

Das Ziel der Maßnahme besteht darin, in allen Bundesländern ein Finanzniveau zu erreichen, das zumindest dem rechnerischen Durchschnitt entspricht. Wo dies durch den Länderfinanzausgleich nicht gelingt, soll die Bundesergänzungszuweisung aus Bundesmitteln Unterschiede zusätzlich ausgleichen. Sie wird gewährt, wenn die Finanzkraft nach Länderfinanzausgleich weiterhin bei unter 99,5 % des Durchschnitts aller Bundesländer liegt.

2017 haben Bund und Länder entschieden, den Länderfinanzausgleich im Jahr 2020 abzuschaffen. An seine Stelle treten ein Ausgleich durch Verteilung der Einnahmen aus der Umsatzsteuer sowie eine deutlich erhöhte Zuwendung aus Bundesmitteln von fast 10 Mrd. Euro, welche die Länder jedoch durch die Gewährung weiterer Eingriffsrechte des Bundes auf bisherige Länderangelegenheiten erkaufen. Beispielsweise geben die Länder ab 2021 die Verwaltungshoheit über die Bundesautobahnen an den Bund ab. Außerdem fällt auch die angestrebte Digitalisierung der Verwaltung in die Zuständigkeit des Bundes.

Kritik am Föderalismus

Der Föderalismus wird insgesamt auch kritisch betrachtet. Er ist mit Artikel 20 Absatz 1 im Grundgesetz verankert und durch die sogenannte Ewigkeitsklausel in Art. 79 Abs. 3 GG vor einer klassischen Grundgesetzänderung mit Zweidrittelmehrheit geschützt. Die einzige Möglichkeit, den Föderalismus abzuschaffen, bestünde in der umfassenden Einführung einer neuen Verfassung.

Die Kritik am Föderalismus beginnt bereits bei ihrer Grundlage: der Unterteilung der Bundesrepublik in Bundesländer. Diese erfolgte zum Teil im Laufe der Geschichte rein willkürlich und nicht zwingend kulturell gewachsen. Gerade die Stärkung der kulturellen Identität ist jedoch eine wichtige Aufgabe des Föderalismus.

Insbesondere die praktische Umsetzung der Verantwortlichkeit der Landesregierungen ist ein weiterer Kritikpunkt. Vor allem in der Gesetzgebung betrachten Kritiker den Einfluss der Länder in Gestalt des Bundesrates als Hindernis. Die Entscheidungen der Ländervertretung sind nur schwer längerfristig vorauszusagen und zu planen, da sich die Machtverhältnisse schnell verändern können, vor allen Dingen weil bekanntermaßen nicht alle Länder gleichzeitig wählen.

Eben dieser Umstand führt zu einem weiteren Kritikpunkt: Durch die mediale Wahrnehmung, über die Landesgrenzen hinweg, befindet sich die Bundesrepublik, zumindest gefühlt, fast dauerhaft im Wahlkampf. Landeswahlen sind immer auch von bundespolitischer Bedeutung und werden umgekehrt durch bundespolitische

Themen beeinflusst, auch wenn beides nicht dem Grundgedanken des Föderalismus entsprechen mag. Entsprechend engagiert sich die Bundespolitik zunehmend auch landespolitisch, was sie wiederum nach Ansicht von Kritikern von ihren eigentlichen Aufgaben abhält. Eine Zusammenlegung der Landtagswahlen auf einen gemeinsamen Termin wird zwar immer wieder diskutiert, stößt aber zumindest von Seiten der Opposition auf Ablehnung und darf insgesamt als eher unwahrscheinlich angesehen werden.

Wie bereits zu Beginn diesen Buches angesprochen, kämpft die Politik insgesamt mit wachsendem Desinteresse, vor allen Dingen in der jüngeren Generation. Die Zahlen zur Wahlbeteiligung belegen dies anschaulich. Noch stärker als auf Ebene der Bundespolitik ist dies auf Landesebene zu beobachten. Lag die Wahlbeteiligung bei den Bundestagswahlen 2017 zumindest noch bei 76,2 %, bringt es auf Landesebene nur noch Bayern mit 72,3 % auf einen vergleichbar hohen Wert. In neun der 16 Bundesländer beschreiten weniger als zwei Drittel der Wahlberechtigten den Weg zur Urne. Schlusslicht war bisher Hamburg im

Jahr 2015 mit einer Wahlbeteiligung von 56,5 % [3] In der Vergangenheit lag die Beteiligung zum Teil noch darunter. Das offenkundige Desinteresse an landespolitischen Themen spricht dabei gegen einen wichtigen Rechtfertigungsgrund für den Föderalismus: die Bürgernähe und die Möglichkeit zur Partizipation auf Landesebene.

Unterstrichen wird die inhaltliche Kritik durch die als solche empfundenen Mängel des Föderalismus in seiner praktischen Umsetzung. Jedes Bundesland benötigt für seine Unabhängigkeit einen umfassenden Verwaltungsapparat, die zusammengenommen enorme Kosten erzeugen. Bei bereits angespannter Situation in vielen Ländern erscheint es naheliegend, dass selbst führende Politiker immer wieder zumindest die Zusammenlegung einzelner Bundesländer ins Gespräch bringen. Einzelne Bundesländer werden sogar als wirtschaftlich unabhängig nicht lebensfähig betrachtet.

Beispiel:

Zuletzt wurde 1996 der Versuch unternommen, die Bundesländer Berlin und Brandenburg zu vereinen. Die Entscheidung wurde mit der erforderlichen Mehrheit in beiden Landesparlamenten getroffen, scheiterte jedoch im erforderlichen Volksentscheid, formal an einer zu geringen Teilnahme: die erforderlichen 25 Prozent wurden nicht erreicht. Das Ergebnis zeigte jedoch eine deutliche Mehrheit von 63 % der Teilnehmer, die sich gegen eine Länderfusion entschieden.

Stärken des Föderalismus

Den verschiedenen Kritikpunkten stehen erkennbare Vorzüge des Föderalismus gegenüber, die in der Gesamtbewertung bis heute zu einer verbreiteten Zustimmung zum bewährten System führen.

An erster Stelle steht für Befürworter sicherlich das Prinzip der Machtverteilung. Plakativ ausgedrückt haben zentralistische Tendenzen in Deutschland aus historischer Erfahrung keinen guten Ruf. Der Föderalismus wird deshalb auch als vertikale

Gewaltenteilung bezeichnet, durch die eine Verteilung und Verschränkung von Kompetenzen erzielt und eine Konzentration auf übergeordneter Bundesebene vermieden wird.

Neben der Reduzierung der Gefahr des Machtmissbrauchs soll das Subsidiaritätsprinzip, also die Entscheidung, dass Aufgaben, die auf Landesebene zu bewältigen sind, nicht auf die Bundesebene verlagert werden müssen, Bürgernähe demonstrieren und Möglichkeiten zur Teilhabe schaffen.

Eine auf die Bundesebene zentralisierte Politik kann den individuellen Bedürfnissen der einzelnen Bundesländer nicht immer gerecht werden. Dies gilt gleichermaßen für die Wahrung der landestypischen Kultur wie auch für alle Themen, die auf Bundesebene kaum, dafür aber auf Landesebene größere Bedeutung haben, wie zum Beispiel die Migrationspolitik, die für einzelne Bundesländer eine deutlich größere Bedeutung hat als für andere.

Außerdem ist die Landesebene in vielen Bereichen bildlich gesprochen ein Versuchslabor für die Bundespolitik. So finden sich unter Landesregierungen zum

Beispiel Koalitionsmodelle, die so bisher auf Bundesebene undenkbar scheinen. Positive und negative Erfahrungen können der Bundespolitik so wertvolle Erkenntnisse liefern.

Beispiel:

Die erste rot-grüne Koalition kam auf Landesebene 1985 in Hessen zustande, 13 Jahre vor der ersten Umsetzung auf Bundesebene 1998 unter Bundeskanzler Gerhard Schröder.

Eine rot-rote Koalition, die zumindest in der Theorie für die SPD auch auf Bundesebene immer weiter in den Fokus des Interesses rückt, gab es auf Landesebene bereits ab 1994 in Sachsen-Anhalt sowie später in Mecklenburg-Vorpommern, ab 2002 in Berlin und in Brandenburg ab 2009.

Auch eine eher ungewöhnliche Koalition zwischen CDU und Grünen wurde nicht nur in einzelnen Ländern in Betracht gezogen, sondern ab 2008 zuerst in Hamburg und ab 2013 mit Hessen erstmalig in einem Flächenland sowie schließlich seit 2016 in Baden-Württemberg in die Praxis umgesetzt. Auch diese Kombination gilt für die Zukunft auf Bundesebene aufgrund aktueller Mehrheitsverhältnisse nicht mehr als undenkbar.

Gleichzeitig ist die Landesebene personell ein wertvolles und unverzichtbares Reservoire für die Bundespolitik. Betrachtet man die Karrieren bedeutender Bundespolitiker, beginnen diese üblicherweise auf kommunaler Ebene, durchlaufen die Landesebene, bevor letztlich der „Ruf aus Berlin" erfolgt. Die Hälfte der bis zum heutigen Tage amtierenden Bundeskanzler der Bundesrepublik waren in der Zeit vor ihrem Amtsantritt als Ministerpräsidenten bzw. Regierungschef des Landes tätig.

Politik und Religion

Politik und Religion sind im politischen System der Bundesrepublik, so wie in vielen anderen europäischen Staaten, ausdrücklich voneinander getrennt. Der Begriff der Säkularisierung beschreibt die Neutralität des Staates in religiösen Fragen. Die freie Religionsausübung wird im Grundgesetz garantiert, wobei keine Religionsgemeinschaft bevorzugt behandelt wird.

Über Jahrhunderte hinweg nahmen die großen Religionsgemeinschaft, an erster Stelle die katholische Kirche, maßgeblichen Einfluss auf die Politik oder bestimmten diese sogar in weiten Teilen. Erst im Zuge der Aufklärung, seit Beginn des 18. Jahrhunderts, begann die zunehmende Verdrängung des Religiösen ins Privatleben.

Trotz der formal vollständigen Trennung von Staat und Kirche sind Verbindungen offen ersichtlich. Dies geschieht zum einen dadurch, dass die Kirche ihren Einfluss unter Gläubigen auch zur politischen Meinungsbildung nutzt, indem sie selbst zu tagespolitischen Themen immer wieder Stellung bezieht. Dies geschieht selten in ausgesprochenen politischen Forderungen. Die Kirchen sind sich sehr wohl bewusst, dass diese Form der Einflussnahme nicht nur auf Gegenliebe stoßen würde. Stattdessen bedient sich die Kirche der öffentlichen Meinungsäußerung sowie gewissermaßen symbolischer Stellungnahmen.

Beispiel:

Wiederholt hat die katholische Kirche öffentlich zu politischen Debatten rund um das Thema Abtreibung und pränatale Diagnostik Stellung bezogen und hierbei an politische Entscheider appelliert.

Die evangelische Kirche sorgte kürzlich für Aufmerksamkeit in politischen Dingen, als sie entschied, ein Schiff zur Seenotrettung im Mittelmeer zu finanzieren und damit letztlich auch Position in Fragen der Flüchtlingspolitik bezog.

Das Welt- und Menschenbild findet sich aber auch in politischen Leitlinien wieder. Nicht umsonst betonen CDU und CSU als langjährige Regierungsparteien schon in ihrem Namen die christliche Werteorientierung. Im gemeinsamen Regierungsprogramm für die Legislaturperiode 2017–2021 heißt es so auch:

„CDU und CSU verbindet das christliche Menschenbild, in dem der Mensch im Mittelpunkt steht und die Würde des Menschen unantastbar ist.“

Insgesamt basiert unsere Gesellschaft in weiten Teilen auf den gewachsenen, eben auch christlichen Werten, die sich entsprechend vor allen Dingen in der Gesetzgebung wiederfinden. Dies reicht bis in durchaus umstrittene Bereiche, vom Schutz der klassischen Ehe zwischen Mann und Frau sowie dem allgemeinen christlichen Familienbild bis hin zum Umgang mit ungeborenem Leben.

Auch ganz praktisch sind nach wie vor Verflechtungen zu erkennen: So unterstützt der Staat die Kirchen durch den Einzug der Kirchensteuer, räumt ihr Raum in der Kindererziehung ein, indem der konfessionelle Religionsunterricht gestattet ist, fördert theologische Forschung und Lehre an Universitäten, besoldet einzelne Kirchenbeamte, finanziert kirchliche Aktivitäten auf sozialer Ebene und bindet sie in politisch relevante Entscheidungsprozesse ein, zum Beispiel durch einen Sitz im Rundfunkrat.

Das Grundgesetz

Politisches Handeln basiert maßgeblich auf parteipolitischen Grundsätzen, die sich im Laufe der Zeit, nicht zuletzt auf Basis der öffentlichen Meinung, entwickelt haben. Einen Ausdruck finden sie in erster Linie in Gesetzen. In nur einer Wahlperiode, also im Zeitraum von vier Jahren, wurden seit Bestehen der Bundesrepublik so im Schnitt rund 500 Gesetze verabschiedet, die das Leben in sämtlichen Bereichen regeln sollen. Nicht jedes dieser Gesetze ist für den einzelnen Bürger von existenzieller Bedeutung, grundsätzlich können einzelne Gesetze aber doch massive Auswirkungen haben.

Grundsätzlich bietet das Prinzip der Gesetzgebung, trotz erforderlicher Mehrheiten in Bundestag und Bundesrat, ein Risiko des Missbrauchs. Um dies zu verhindern und um elementare Grundsätze für politisches und gesellschaftliches Handeln zu definieren, die durch Gesetzgebung nicht ohne weiteres zu umgehen sind, geben sich Staaten eine Verfassung.

Entstehungsgeschichte – Verfassung vs. Grundgesetz

Das Grundgesetz der Bundesrepublik Deutschland wurde am 23. Mai 1949 erlassen und markiert die Gründung der Bundesrepublik. Es wurde in Folge des Zweiten Weltkriegs im Auftrag der drei westlichen Besatzungsmächte erstellt und von diesen genehmigt.

Wie die Bezeichnung als Grundgesetz symbolisiert, war der ursprüngliche Gedanke nicht der einer dauerhaften Verfassung im eigentlichen Sinne. Schon die westlichen Besatzungsmächte sahen die Vereinigung aller besetzten Gebiete als Voraussetzung für die Einführung einer „echten" Verfassung. Bei der Gestaltung des Grundgesetzes waren jedoch die sowjetische Besatzungszone, die spätere DDR, sowie das französisch besetzte Saarland nicht beteiligt. Letzteres trat zwar 1957 der Bundesrepublik und damit dem Geltungsbereich des Grundgesetzes bei, der bewusst provisorische Charakter des Grundgesetzes blieb jedoch erhalten.

Das ursprüngliche Grundgesetz enthielt in seiner Präambel das ausdrückliche Staatsziel, eine Wiedervereinigung anzustreben und formulierte in Artikel 146 die Möglichkeit, es durch eine vom Volk beschlossene Verfassung zu ersetzen. Über diesen Punkt herrscht bis heute ein grundlegender Streit: Kritiker zweifeln die Rechtmäßigkeit des Grundgesetzes in seiner heutigen Form an, da es sich nach ihrer Meinung nach wie vor um ein nicht vom Volk legitimiertes Provisorium handelt und eine erneute „echte" Verfassungsgebung bis heute nicht stattgefunden habe. Juristen entgegnen jedoch, dass zum einen, wie in der 1989 veränderten Präambel ausdrücklich formuliert, der Geltungsbereich auf die neuen Bundesländer ausgeweitet und damit der provisorische Charakter aufgehoben wird, zum anderen eine Neufassung als Verfassung zwar theoretisch möglich, aber nicht vorgeschrieben gewesen sei. Außerdem sei es nicht zwingend erforderlich und historisch auch nicht üblich, eine Verfassung ausschließlich per Volksentscheid zu legitimieren. Vielmehr sei diesem Anspruch durch Zustimmung der gewählten Länderparlamente Genüge getan. Bei dieser Entscheidung stimmte lediglich das Bundesland Bayern 1989 gegen das Grundgesetz, unterlag damit aber klar der erforderlichen Zweidrittelmehrheit für entsprechende verfassungsändernde Entscheidungen.

Die Grundrechte

Die Grundrechte bilden in seinem ersten Teil mit Artikel 1 bis 19 gewissermaßen die Basis des Grundgesetzes und damit der gesamten deutschen Gesetzgebung. Sie sind gleichzeitig wichtige Leitlinien für das Verhältnis zwischen Staat und Individuum sowie zwischen Individuen in allen Bereichen des gesellschaftlichen Zusammenlebens.

Die Grundrechte sind unveräußerlich, das heißt, sie können auch mit einer Mehrheit vom Bundestag nicht abgeschafft oder verändert werden und jeder Mensch hat das Recht, sie bis auf Ebene des Bundesverfassungsgerichts einzuklagen.

Inhaltlich lassen sich die Grundrechte verschiedenen Kategorien zuordnen:

- Freiheitsrechte
- Originäre Leistungsrechte

- Derivative Leistungsrechte
- Gleichheitsrechte
- Mitwirkungsrechte

Freiheitsrechte grenzen den Einflussbereich der Staatsgewalt gegenüber der Privatsphäre des Individuums ab. Hier darf der Staat nur unter bestimmten Voraussetzungen aktiv werden.

Beispiel:

„Jeder hat das Recht auf Leben und körperliche Unversehrtheit. Die Freiheit der Person ist unverletzlich. In diese Rechte darf nur auf Grund eines Gesetzes eingegriffen werden." (Art. 2, Abs. 2 GG)

Leistungsrechte sind dagegen Schutzrechte. In ihnen formuliert das Grundgesetz Ansprüche, die der Einzelne gegenüber dem Staat geltend machen kann, als Voraussetzung um seine Grundrechte ausüben zu können.

Originäre Leistungsrechte kennzeichnen konkrete Leistungsansprüche gegenüber der öffentlichen Gewalt.

Beispiel:

„Jede Mutter hat Anspruch auf den Schutz und die Fürsorge der Gemeinschaft." (Art. 6, Abs. 4 GG)

Derivative Leistungsrechte sind dagegen Teilhaberechte. Sie garantieren die Möglichkeit zur Teilhabe an bestehenden Leistungen des Staates.

Beispiel:

„Alle Deutschen haben das Recht, Beruf, Arbeitsplatz und Ausbildungsstätte frei zu wählen. Die Berufsausübung kann durch Gesetz oder auf Grund eines Gesetzes geregelt werden."

(Art. 12, Abs. 1 GG)

Gleichheitsrechte zielen auf die Gleichbehandlung aller Menschen durch die öffentliche Gewalt ab. Ihr Verhalten orientiert sich immer an der Sache und nicht an der Person. Ausnahmen innerhalb dieser Gleichbehandlungs- und Nichtdiskriminierungsfunktion sind grundsätzlich möglich, bedürfen aber einer sachlichen Begründung.

Beispiel:

„Niemand darf wegen seines Geschlechtes, seiner Abstammung, seiner Rasse, seiner Sprache, seiner Heimat und Herkunft, seines Glaubens, seiner religiösen oder politischen Anschauungen benachteiligt oder bevorzugt werden. Niemand darf wegen seiner Behinderung benachteiligt werden." (Art. 3, Abs 3 GG)

Die Mitwirkungsrechte umfassen die sogenannten staatsbürgerlichen Rechte, welche dem Einzelnen die aktive Mitwirkung am Staatsleben ermöglichen.

Beispiel:

„Jeder Deutsche hat nach seiner Eignung, Befähigung und fachlichen Leistung gleichen Zugang zu jedem öffentlichen Amte."

(Art. 33, Abs. 2 GG)

Das Rechtsstaatsprinzip

Die Bundesrepublik Deutschland ist ein Rechtsstaat. Die Rechtsstaatlichkeit ist im Grundgesetz verankert:

„Die Gesetzgebung ist an die verfassungsmäßige Ordnung, die vollziehende Gewalt und die Rechtsprechung sind an Gesetz und Recht gebunden.“ (Art. 20, Abs. 3 GG)

Damit wird bestimmt, dass die Ausübung staatlicher Gewalt an Gesetze gebunden ist. Gesetze legitimieren und beschränken das Handeln der Regierung, der Verwaltung und der Gesetzgebung. Die einzelnen Gesetze orientieren sich dabei an den Staatszielen, die in der Verfassung, dem Grundgesetz der Bundesrepublik Deutschland, Ausdruck finden. Gleichzeitig garantieren Gesetze auf dieser Grundlage die Einhaltung der Grundrechte und schützen den Einzelnen vor staatlicher Willkür.

Zusätzlich zur grundsätzlichen Definition der Bundesrepublik als Rechtsstaat findet eine Unterscheidung in eine formelle und eine materielle Rechtsstaatlichkeit statt.

Formelle Rechtsstaatlichkeit

Mit dem Begriff der formellen Rechtsstaatlichkeit beschreibt die Rechtsphilosophie die Bindung des Staates an Gesetze, welche die Ausübung der Staatsgewalt regeln. Damit entspricht der oben bereits genannte Artikel 20 in Absatz 3 des Grundgesetzes der Vorstellung der formellen Rechtsstaatlichkeit.

Die Entscheidung zur formellen Rechtsstaatlichkeit zieht grundlegende institutionelle Merkmale nach sich. Hierzu zählen die Gewaltenteilung als Trennung von Gesetzgebung, Rechtsprechung und ausführender Gewalt sowie die Verfassungsgerichtsbarkeit als Kontrollinstanz, die über Verstöße gegen das Grundgesetz zu entscheiden hat.

Materielle Rechtsstaatlichkeit

Materielle Rechtsstaatlichkeit geht über einen festgelegten gesetzlichen Rahmen hinaus und beschriebt die Verpflichtung des Staates gegenüber den Naturrechten, die in den Grundrechten zum Ausdruck kommt. Außerdem umfasst die materielle

Rechtsstaatlichkeit den Grundsatz der Verhältnismäßigkeit. Er besagt, dass Eingriffe in die Grundrechte nur dann rechtmäßig sind, wenn der Zweck die Folgen rechtfertigt. Jede Maßnahme muss zum Erreichen dieses „höheren" Zweckes geeignet, erforderlich und angemessen sein.

Beispiel:

Die Landespolizeigesetze aller deutschen Bundesländer berechtigen Polizeibehörden dazu, zur Abwehr von Gefahren für die öffentliche Sicherheit einzelnen Personen oder auch Gruppen einen Platzverweis zu erteilen. Dieser beinhaltet die Anordnung, einen Standort zu verlassen, bzw. das Verbot, ihn für einen begrenzten Zeitraum zu betreten. Eine solche Maßnahme stellt nach juristischer Auffassung zumindest in Artikel 2, Absatz 1 des Grundgesetzes ein:

„Jeder hat das Recht auf die freie Entfaltung seiner Persönlichkeit, soweit er nicht die Rechte anderer verletzt und nicht gegen die verfassungsmäßige Ordnung oder das Sittengesetz verstößt."

Aufgrund des höheren Ziels der Gefahrenabwehr wird diese Einschränkung jedoch aus juristischer Sicht als gerechtfertigt in Kauf genommen.

Aus dem Grundsatz der Verhältnismäßigkeit leitet sich das Übermaßverbot ab, welches seinerseits besagt, dass Maßnahmen des Staates zur Erreichung eines bestimmten Zwecks verboten sind, wenn sie nicht zwingend erforderlich oder unverhältnismäßig sind.

Beispiel:

Der Platzverweis ist ein vergleichsweise mildes Mittel und damit ein geringer Eingriff in die Grundrechte. Trotzdem muss auch er durch die konkrete Gefährdungslage begründet sein. Außerdem ist die Maßnahme zeitlich begrenzt. Zwar kann ein Platzverweis grundsätzlich so lange bestehen bleiben, bis die zugrundeliegende Gefahr beseitigt ist, in der Praxis gilt er jedoch meist für maximal 24 Stunden.

Das Gebot der Verhältnismäßigkeit steht immer dann zur Diskussion, wenn gegenläufige Interessen jeweils für sich durch

Grundrechte legitimiert sind. Prominente Beispiele der jüngsten Zeit sind das Kopftuchverbot an Schulen oder Fahrverbote für Dieselfahrzeuge oder die Videoüberwachung an öffentlichen Orten. In allen Fällen stehen die Rechte des Einzelnen den Interessen der Allgemeinheit als höherem Zweck gegenüber.

Freiheitlich demokratische Grundordnung und die streitbare Demokratie

Achtung der Menschenwürde, Bekenntnis zur Demokratie und Rechtsstaatlichkeit sind Kernelemente der freiheitlich demokratischen Grundordnung als unabänderliches Grundmerkmal der Bundesrepublik Deutschland. Sie schließt eine Gewalt- oder Willkürherrschaft aus, verpflichtet sich zu einer rechtsstaatlichen Herrschaftsordnung auf Basis der Selbstbestimmung des Volkes, folgt Mehrheitsentscheidungen und wahrt die Freiheit gleichgestellter Individuen.

Die Unabänderlichkeit des Bekenntnisses begründet das Selbstverständnis der Bundesrepublik als streitbare und wehrhafte Demokratie. Grundsätzlich beinhalten das Grundgesetz und die daraus abgeleiteten Gesetze und Institutionen die Möglichkeit, Veränderungen am Grundgesetz vorzunehmen. Dies geschieht auf demokratischer Basis mit einer Zweidrittelmehrheit. Die Grundprinzipien der freiheitlich demokratischen Grundordnung können dabei jedoch nicht außer Kraft gesetzt werden. Um den Bestand der Grundordnung zu sichern, stehen dem Staat einige Schutzmechanismen zur Verfügung. Politische Parteien können zum Beispiel prinzipiell in ihrem Programm das Ziel einer Grundgesetzänderung verfolgen, wenden sie sich jedoch gegen die freiheitlich demokratische Grundordnung und ihre Elemente, droht ihnen eine Einstufung als verfassungsfeindlich und damit ein Parteiverbot. Darüber hinaus werden auch das Zustandekommen eines Beamtenverhältnisses oder der Erwerb der deutschen Staatsbürgerschaft im Rahmen einer Einbürgerung von der Verfassungstreue abhängig gemacht.

Gleiches gilt für Berufssoldaten und Soldaten auf Zeit, Richter oder Angestellte der Bundesländer. Der Verfassungsschutz als Institution verfolgt im Rahmen der Gefahrenabwehr eine Gefährdung des demokratischen Rechtsstaates und kann, unter bestimmten Voraussetzungen, zu diesem Zweck sogar einzelne Grundrechte, wie zum Beispiel das Brief-, Post- und Fernmeldegeheimnis, außer Kraft setzen. Die Aufgabe des Schutzes der freiheitlich demokratischen Grundordnung endet jedoch nicht bei den Befugnissen und Möglichkeiten des Staatsapparates, sondern bezieht bewusst auch das Volk mit ein, wenn ihm in Art. 20, Abs. 4 GG das Widerstandsrecht eingeräumt wird:

„Gegen jeden, der es unternimmt, diese Ordnung zu beseitigen, haben alle Deutschen das Recht zum Widerstand, wenn andere Abhilfe nicht möglich ist."

Die Gewaltenteilung

Eine der wichtigsten Voraussetzungen für den Erhalt der freiheitlich demokratischen Grundordnung sowie die Wahrung und Durchsetzung des Grundgesetzes ist die Gewaltenteilung: die institutionelle Trennung von Gesetzgebung, ausführender Gewalt und Rechtsprechung. Durch die Bildung eigenständiger Staatsorgane werden eine Machtkonzentration verhindert und Kontrollmechanismen geschaffen, die einen Missbrauch verhindern sollen.

Ein mittelalterlicher König als Alleinherrscher war in der Lage, ganz nach Gutdünken Gesetze zu erlassen, sie durchzusetzen und Recht zu sprechen, ohne sich dabei einer Kontrolle unterwerfen zu müssen. Das Gottesgnadentum sah allein in Gott die Kontrollinstanz. Selbst wenn er gegen eigene Gesetze gehandelt hätte, wären in diesem System keine Möglichkeiten vorhanden gewesen, dies zu verhindern. Um ein solches Gewaltmonopol zu verhindern, wird in den meisten Ländern heute die Gewaltenteilung praktiziert. In Deutschland geschieht dies zum einen durch die dreigliedrige Aufteilung der Gewalt in Legislative, Exekutive und Judikative, zum anderen durch regelmäßige Wahlen und dadurch eine zeitliche Begrenzung der Machtbefugnis, die eine Machtkonzentration verhindern sollen. Hinzu kommt eine vertikale Gewaltenteilung, die einzelne Aufgaben und Zuständigkeiten zwischen verschiedenen Ebenen der Regierung, zum Beispiel zwischen Bund und Ländern aufteilt. Diese Form des Pluralismus ist eine zusätzliche Kontrollinstanz, die zum Beispiel verhindert, dass eine starke Regierung auf Bundesebene einer von deren Opposition geführten Landesregierung ihren Willen gewissermaßen aufzwingen kann.

Legislative

Die Legislative ist die Gesetzgebung. In der Bundesrepublik wird sie repräsentiert durch Bundestag und Bundesrat sowie die Länderparlamente.

Die Bundesregierung, der Bundestag und der Bundesrat nutzen das Initiativrecht und bringen Gesetzesentwürfe ein und beschließen diese im Rahmen des Gesetzgebungsverfahrens mit der jeweils erforderlichen Mehrheit. All dies geschieht auf Basis des Grundgesetzes und nach dessen Vorgaben.

Darüber hinaus fungiert die Legislative als Kontrollinstanz gegenüber Exekutive und Judikative im Rahmen der parlamentarischen Kontrolle, der zum Beispiel verschiedene Möglichkeiten zur Verfügung stehen, eine amtierende Regierung, üblicherweise aus der Opposition heraus, zur Verantwortung für ihr Verhalten zu ziehen. Ein erprobtes Mittel hierfür ist zum Beispiel der parlamentarische Untersuchungsausschuss. Auf Antrag mindestens eines Viertels der Mitglieder des Bundestages eingesetzt, untersucht der Ausschuss, mit Sonderbefugnissen ausgestattet, Sachverhalte im öffentlichen Interesse.

Exekutive

Die Exekutive besteht in der Bundesrepublik aus der Regierung und der öffentlichen Verwaltung, repräsentiert durch Landesverwaltungen, Staatsanwaltschaften, Polizei, Justizvollzug und Finanzämter sowie auf kommunaler Ebene Kreisverwaltungen, Stadtverwaltungen, Gemeindeverwaltungen, Kreistage und Gemeindevertretungen. Exekutivakte basieren auf geltenden Gesetzen und setzen diese im Alltag um.

Betroffene eines solchen Verwaltungsakts haben die Möglichkeit, gegen Handlungen der Exekutive Widerspruch zu erheben und die Judikative, in erster Instanz in Gestalt der Verwaltungsgerichte in deren Funktion als Kontrollinstanz, mit der Prüfung der Rechtmäßigkeit zu beauftragen.

Die Exekutive ist aber ebenfalls Kontrollinstanz gegenüber den beiden anderen Gewalten, der Legislative und der Judikative. Als Teil der Exekutive kann zum Beispiel der Bundespräsident jedes ihm vorzulegende neue Gesetz vor dessen Inkrafttreten zurückweisen, indem er seine erforderliche Zustimmung verweigert. Dies ist in der

Vergangenheit bereits mehrfach geschehen. Fast alle Bundespräsidenten haben in ihrer jeweiligen Amtszeit einzelnen Gesetzen die Zustimmung verweigert. Dies geschah zum Teil aus formalen, zum Teil aber auch aus inhaltlichen Gründen. Geschieht dies, ist das Präsidialamt verpflichtet, den Gesetzentwurf auf seine Verfassungsmäßigkeit zu prüfen und zur Entscheidung das Bundesverfassungsgericht anzurufen. Eine unbegründete Verweigerung, zum Beispiel aus parteipolitischen Gründen, ist dagegen nicht möglich.

Judikative

Die „richterliche Gewalt" ist die rechtsprechende Gewalt, ausgeübt durch unabhängige Richter im Bundesverfassungsgericht, Bundesgerichte und Gerichte der Länder.

Die Aufgabe der Judikative besteht darin, die Einhaltung von Gesetzen zu kontrollieren und Verstöße festzustellen und gegebenenfalls zu sanktionieren. Dabei wird ein Gericht erst dann tätig, wenn es von einer natürlichen oder juristischen Person dazu aufgefordert wird oder die Exekutive, in

Gestalt der Staatsanwaltschaft, gegen einen angenommenen Verstoß vorgeht. Durch die Rolle der Staatsanwaltschaft, die nicht zur Judikative, sondern zur Exekutive zählt, ist die Trennung von Anklage und Urteilsfindung gegeben.

Die Judikative wird im Strafrecht zwingend tätig. Legt die Staatsanwaltschaft zum Beispiel einem Beschuldigten ein Verbrechen zur Last, ist es Aufgabe der Judikative in Gestalt des zuständigen Gerichts, die Strafbarkeit festzustellen und in einem Urteil über Konsequenzen zu entscheiden. Dies geschieht auf Basis der Gesetze. Bei Vergehen, wie zum Beispiel einem Ordnungswidrigkeitsverfahren nach Straßenverkehrsordnung, werden Gerichte meist nur dann tätig, wenn gegen eine zahlungspflichtige Verwarnung vom Beschuldigten Widerspruch eingelegt wird. Bis zu diesem Punkt ist allein die Exekutive tätig.

Das Parteiensystem

Wettbewerb belebt das Geschäft. Das gilt auch für das deutsche Parteiensystem. Auf allen Ebenen des politischen Systems, von der kommunalen Ebene bis auf Ebene des Bundes, konkurrieren unterschiedlichste Parteien um die Wählergunst.

Die Politikwissenschaft unterscheidet grundlegend zwischen drei Formen von Parteisystemen:

- Einparteiensysteme
- Zweiparteiensysteme
- Mehr- oder Vielparteiensysteme

Das Einparteiensystem widerspricht dem demokratischen Grundgedanken des Pluralismus und ist historisch vor allen Dingen aus kommunistischen Ländern bekannt. Eine Sonderform bilden Einparteiensysteme, die zumindest formal weitere Parteien als sogenannte Blockparteien zulassen, wie es zum Beispiel in der DDR der Fall war. Aktuelle Beispiele für Einparteiensysteme, inklusive solcher mit Blockparteien, sind vor allen Dingen die Volksrepublik China, Nordkorea, Eritrea, Vietnam, Laos und Kuba.

Zweiparteiensysteme kennen wir heute vor allem aus Großbritannien und den USA.

In Deutschland besteht ein Mehr- oder Vielparteiensystem. Rein formal ist die Zahl an Parteien, die sich auf allen politischen Ebenen zur Wahl stellen können, nicht begrenzt. Eine Parteigründung ist jedem Bundesbürger unter den Vorgaben des Bürgerlichen Gesetzbuches zum Vereinsrecht und des Parteiengesetzes möglich.

In der politischen Praxis zeigt sich historisch in der Bundesrepublik seit dem vierten Bundestag (1961 – 1965) ein Dreiparteiensystem aus CDU/CSU, SPD und FDP in wechselnden Koalitionen und Mehrheitsverhältnissen. Die Zahl der zur Wahl antretenden Parteien ist jedoch seit jeher deutlich höher, findet aber in der tatsächlichen parlamentarischen Tätigkeit aufgrund der Fünf-Prozent-Hürde keinen Ausdruck. Mit den Grünen zog 1983 erstmals wieder eine vierte Partei in den nun zehnten Bundestag ein. Als fünfte Partei kamen

1990 (zwölfter Bundestag) die PDS (heute Die Linke) und schließlich 2017, im aktuellen Bundestag an chronologisch siebter Stelle, die AfD hinzu.

In Landesparlamenten sind vor allen Dingen mit verschiedenen Wählervereinigungen aktuell sechs weitere Parteien vertreten.

Teilgenommen haben an den Bundestagswahlen 2017 insgesamt 42 Parteien, von denen jedoch nur die genannten sieben über die 5-Prozent-Hürde in den aktuellen Bundestag eingezogen sind.

Parteien verfolgen mit ihren gestalterischen Möglichkeiten, zum Beispiel mit ihrem Einfluss auf die Gesetzgebung, nach eigenem Selbstverständnis einerseits die Interessen ihrer Wähler, andererseits einen selbstdefinierten gesamtgesellschaftlichen Auftrag.

Die Interessen in der Gesellschaft sind unterschiedlich und von zahlreichen Faktoren abhängig, nicht zuletzt dem sozialen Status verschiedener gesellschaftlicher Gruppen. Aus diesen, zum Teil diametral gegensätzlichen Interessen und der Tatsache, dass sie nur auf politischer Ebene durchsetzbar sind, entstanden und entstehen Parteien als Interessenvertretungen.

Die parlamentarische Beteiligung von Vertretern der einzelnen Parteien, in Kombination mit den Regeln der parlamentarischen Entscheidungsfindung, zum Beispiel den erforderlichen Mehrheiten in der Gesetzgebung, soll einerseits gewährleisten, dass der Mehrheitswille Ausdruck findet, andererseits auch die Rechte der Minderheit schützen. Entscheidungen präsentieren sich insgesamt überwiegend als Konsens mit breiter Zustimmung über Parteigrenzen und gesellschaftliche Grenzen hinweg.

In den letzten Jahren wird vermehrt auch Kritik am deutschen Parteiensystem laut. Parteien wird zunehmend vorgeworfen, in erster Linie am Machterhalt interessiert zu sein und im Interesse möglichst viele Wähler zu überzeugen, auf eine scharfe Abgrenzung zum politischen Gegner bewusst zu verzichten. Zudem gestaltet sich die Regierungsbildung in einem Parlament mit einer wachsenden Zahl an vertretenen Parteien zunehmend schwierig. Eine absolute Mehrheit, also eine Mehrheit an Sitzen im Bundestag, gab es im Deutschen Bundestag für eine einzelne Partei nur ein einziges

Mal: Im dritten Deutschen Bundestag von 1957 bis 1961 erhielt die Union unter Bundeskanzler Konrad Adenauer 277 von 519 Sitzen. Vorher und nachher waren für eine Regierungsbildung immer Koalitionen zwischen mindestens zwei Parteien bzw. Fraktionen erforderlich.

Während dies in den meisten Fällen zwischen parteipolitisch „verwandten“ Parteien gelang, zwischen Union und FDP oder zwischen SPD und Bündnis 90/Die Grünen, machen die Mehrheitsverhältnisse heute Koalitionen unvermeidbar, in denen ursprünglich scheinbar unvereinbare politische Interessen aufeinandertreffen. Viele Wähler betrachten zum Beispiel die wiederholte Große Koalition zwischen Union und SPD als sprichwörtliche Quadratur des Kreises.

Kritiker werfen den Parteien vor, zugunsten der Mehrheitsbildung eigene Ziele hintenan zu stellen und so an Schärfe zu verlieren und echten Willen zu grundlegenden Systemänderungen aufzugeben.

Das Hinzukommen neuer Parteien im Parlament, namentlich der Grünen, der Linken und der AfD, die alle drei mit starken thematischen Schwerpunkten antreten und sich in deutlicher Opposition zu den etablierten Parteien demonstrieren, hat dieses Problem eher verschärft. Einerseits zeigt der Erfolg dieser Parteien das Interesse der Wähler an rigoros verfolgten politischen Zielen mit dem Anspruch auf elementare Systemveränderungen und zeigt den gewachsenen Parteien, dass auch sie nur über inhaltliches Profil bestehen können, andererseits macht es die Mehrheitsbildung immer schwerer. Dies zeigt sich sehr lebhaft bei der Regierungsbildung 2017. Zwischen Wahl und Vereidigung des Kabinetts lagen in diesem Fall 172 Tage. Die Erneuerung der Großen Koalition war dabei lange Zeit fraglich. Aktuell zeigt sich erneut die Schwäche dieser Art der Regierungsbildung: Starke Verluste in Landtagswahlen und Wählerbefragungen zu bevorstehenden Bundestagswahlen („Sonntagsfrage“) führen zum Beispiel der SPD vor Augen, welchen negativen Einfluss die Position als schwächerer Partner in einer Koalition zwischen Konkurrenten auf das eigene Profil und damit die Stellung in der Wählergunst haben kann. Daraus ergibt sich ein grundlegendes Dilemma. Die meisten Parteien erkennen ihre Verantwortung für das Bestehen des demokratischen Systems. Dieses ist nur dann gewährleistet, wenn eine Regierungsbildung gelingt. Alternativen wie eine Minderheitsregierung werden insgesamt als ineffektiv und schädlich angesehen. Andererseits schließen die meisten Parteien verschiedene Koalitionsmodelle grundsätzlich aus, insbesondere dann, wenn die Ziele eines potentiellen Koalitionspartners mit den eigenen objektiv unvereinbar sind. Eine Beteiligung in einer Koalition ist zwar eine Möglichkeit der aktiven Regierungsbeteiligung, die Erfahrung lehrt jedoch, dass gerade der kleine Koalitionspartner in der Außenwirkung schnell als Mehrheitsbringer Bedeutung einbüßt, im Endeffekt an Glaubwürdigkeit verliert und die Chance verspielt, sich dem Wähler als eigenständige Alternative zu präsentieren. Vor allen Dingen aus diesen Gründen stellt sich einer Partei nach der Wahl immer deutlicher die Frage, in welcher Position sie langfristig besser aufgehoben ist: als schwacher Koalitionspartner oder in einer starken Opposition.

Das Wahlsystem

Wahlen sind das Kernelement eines demokratischen politischen Systems. Sie sind das zentrale Werkzeug der Bürgerbeteiligung und Ausdruck der Volkssouveränität.

Methoden der direkten Demokratie kennt das deutsche politische System nur in begrenztem Umfang. Die direkte Demokratie, wie sie zum Beispiel in der Schweiz zu finden ist, basiert auf Entscheidungsverfahren, in denen auch Sachentscheidungen in der Politik über Referenden und Volksentscheide gefällt werden.

Das politische System der Bundesrepublik nutzt zwar auf Landesebene sowie auf kommunaler Ebene die sogenannte Volksgesetzgebung, Bürgerbegehren, Bürgerentscheid und Einwohnerantrag, ist ansonsten aber eine indirekte, mittelbare oder repräsentative Demokratie. Über Wahlen überträgt der Wahlberechtigte seine Entscheidungsgewalt als sogenanntes Mandat auf eine Partei oder einen konkreten Abgeordneten. Auf Basis dieses Mandats üben Fraktionen und Abgeordnete ihr politisches Amt aus, wirken gestalterisch in der

Regierungsbildung oder der Gesetzgebung und bestimmen ihrerseits durch Abstimmungsverfahren den politischen und gesellschaftlichen Alltag.

Aktives Wahlrecht

Gewählt wird in Deutschland auf kommunaler Ebene in Städten und Gemeinden, auf Ebene der Bundesländer, auf Bundesebene und auf europäischer Ebene.

Grundsätzlich besteht ein Wahlrecht für deutsche Staatsbürger ab dem vollendeten 18. Lebensjahr. Das heißt, jeder Volljährige Deutsche ist wahlberechtigt.

Ausnahmen bilden Landtagswahlen in Schleswig-Holstein und Brandenburg, Bürgerschaftswahlen in Hamburg und Bremen sowie Kommunalwahlen in Brandenburg, Bremen, Baden-Württemberg, Mecklenburg-Vorpommern, Niedersachsen, Nordrhein-Westfalen, Sachsen-Anhalt und Schleswig-Holstein, bei denen ein Wahlrecht bereits mit Vollendung des 16. Lebensjahres erlangt wird.

Ein Ausschluss vom Wahlrecht für nach genannten Vorgaben wahlberechtigte Personen ist nur in präzise geregelten Ausnahmefällen möglich. Bis zum Entscheid des Bundesverfassungsgerichts im Jahr 2019 war prinzipiell auch ein Ausschluss behinderter Menschen möglich, sofern diese von einer gerichtlich bestellten Hilfsperson betreut wurden. Diese Möglichkeit wurde vom Bundesverfassungsgericht als verfassungswidrig eingestuft.[5] Ein Ausschluss vom Wahlrecht ist seither, zeitlich begrenzt, nur noch dann möglich, wenn der Wahlberechtigte einer schweren politischen Straftat, wie zum Beispiel Wahlfälschung oder anderer verfassungsfeindlicher Straftaten, schuldig gesprochen wird.

Jenseits der deutschen Staatsbürgerschaft ist es im Rahmen des Vertrags von Maastricht heute auch EU-Bürgern erlaubt, in einem anderen EU-Land an Wahlen in Kreisen und Gemeinden teilzunehmen. Voraussetzung hierfür ist in erster Linie ein fester Wohnsitz im Wahlland. Dieses Recht gilt nicht für Landtags- und Bundestagswahlen oder Volksentscheide.

Passives Wahlrecht

Das passive Wahlrecht räumt dem Bundesbürger die Möglichkeit ein, sich selbst für ein politisches Amt zur Wahl zu stellen. Auch hier gilt das Mindestalter von 18 Jahren und auch das passive Wahlrecht kann durch Richterspruch aus relevanten Gründen aberkannt werden.

Auch für das passive Wahlrecht gilt das Ausländerwahlrecht für EU-Bürger auf kommunaler Ebene.

Wahlen

Wahlberechtigte sind aufgefordert, über die politische Gestaltung der Bundesrepublik mitzuentscheiden, indem sie in regelmäßigen Abständen die Vertreter bestimmen, die in ihrem Namen, für einen begrenzten Zeitraum, eine Wahlperiode, in Parlamenten auf unterschiedlichen politischen Ebenen gestalten und entscheiden.

Wahlen sind gleichermaßen Legitimation und Kontrolle. Politische Mehrheiten stehen stellvertretend für das Meinungsbild in der Bevölkerung, die sich in Wahlen für die

Vertreter entscheidet, welche im Vorfeld von Wahlen, auch durch ein konkretes Parteiprogramm, Handlungen im Falle ihrer Wahl in Aussicht stellen. Wahlergebnisse legitimieren damit das Handeln der Parteien. Gleichzeitig repräsentiert ein Wahlergebnis immer auch eine Rückschau auf die vergangene Wahlperiode und bewertet damit, in wie weit eine Partei den Ansprüchen der Wähler gerecht geworden ist.

Gewählt werden in Deutschland Volksvertreter in Gemeinderäte, in Landesparlamente, in den Bundestag und ins europäische Parlament. Gewählt wird in unterschiedlichen Zyklen: Kommunalwahlen finden in den Bundesländern mehrheitlich alle fünf Jahre statt. Ausnahmen bilden Bremen mit einer vierjährigen Wahlperiode und Bayern mit sechs Jahren. Landesparlamente werden alle fünf Jahre gewählt. Auch hier bildet Bremen eine Ausnahme mit einer Wahlperiode von nur vier Jahren. Der Deutsche Bundestag wird alle vier Jahre gewählt.

Wahlrechtsgrundsätze

Die Grundprinzipien des Wahlrechts und seiner Wahrnehmung durch den Einzelnen sind im Grundgesetz geregelt (vgl. Art. 38 GG). Die Details der Wahl regelt das Bundeswahlgesetz.

Laut Artikel 38 des Grundgesetzes gilt die Maßgabe, dass Wahlen allgemein, unmittelbar, frei, gleich und geheim erfolgen müssen.

Die Allgemeinheit des Wahlrechts ist gegeben, wenn alle Bundesbürger im wahlfähigen Alter, ungeachtet individueller Persönlichkeitsmerkmale, an Wahlen teilnehmen können. Die Möglichkeit der Teilnahme wird auch durch das Recht auf Briefwahl gewährleistet. Einschränkungen ergeben sich insofern, als dass auf kommunaler und auf Landesebene zu Wahlen nur Bürger zugelassen sind, die ihren Wohnsitz im Wahlbezirk haben. Ein Ausschluss von Wahlen ist wie beschrieben nur durch richterliche Entscheidung möglich.

Wahlen sind in Deutschland unmittelbar, weil nur der Wahlberechtigte selbst berechtigt ist, seine Stimme(n) abzugeben und diese auch nur direkt für einen Kandidaten oder eine Partei abgegeben wird. Zwischeninstanzen sieht das deutsche Wahlrecht nicht vor.

Zu wählen ist ein Recht und keine Pflicht. Wie der Einzelne wählt, bleibt allein ihm oder ihr überlassen. Auf die Wahlentscheidung wird von außen kein direkter Einfluss genommen, kein Druck ausgeübt und dem Wähler keine Sanktionen angedroht. Der Versuch einer Einflussnahme direkt am Ort der Wahl ist deshalb ebenfalls verboten. Aus diesen Merkmalen ergibt sich die Freiheit der Wahl.

Alle Wahlberechtigten sind im Bezug auf die Stimmabgabe und auf die Wertung ihrer Stimme gleich.

Jeder, der schon einmal ein Wahllokal von innen gesehen hat und den eigentlichen Vorgang der Wahl beobachten konnte, wird erkennen, dass viel Aufwand betrieben wird, um die Stimmabgabe geheim zu halten. Abgestimmt wird schriftlich in einer Wahlkabine, welche die Stimmabgabe für Außenstehende verbirgt. Der Vorgang der Abgabe des Wahlzettels verläuft ebenfalls in einer Art und Weise, die es allen Umstehenden unmöglich macht, zu erkennen, wie abgestimmt wurde. Wahlzettel werden zwar erst nach Legitimation ausgegeben, ansonsten sind alle Unterlagen jedoch anonym und im Nachhinein nicht dem einzelnen Wähler zuzuordnen.

Mehrheitswahl

Das System der Mehrheitswahl wird auch als Personenwahl bezeichnet. Es dient dazu, aus einer Reihe von Kandidaten einen einzelnen zu wählen. Unterschieden wird hierbei zwischen der relativen und der absoluten Mehrheit. Die relative Mehrheit erreicht ein Kandidat sobald er mehr Stimmen auf sich vereinen kann als ein anderer Kandidat. Um die absolute Mehrheit zu erreichen, muss er dagegen mehr als die Hälfte aller abgegebenen Stimmen erhalten. Um zu diesem Punkt zu gelangen, finden im Mehrheitswahlrecht meist Stichwahlen statt, in denen nur die beiden Kandidaten antreten, die in der ersten Wahl die (relativ) meisten Stimmen auf sich vereinen konnten.

Die Mehrheitswahl wird meist in Wahlkreisen genutzt, aus denen je ein gewählter Vertreter als Abgeordneter in ein Parlament gewählt wird.

Das Mehrheitswahlsystem kommt zum Beispiel in Großbritannien zum Einsatz.

Ein wesentlicher Nachteil der Mehrheitswahl besteht darin, dass sie nicht zwingend eine Regierung erzielt, welche die Bevölkerung abbildet. Wird nach Mehrheitswahlrecht in Wahlkreisen gewählt, führen lokale Wählerkonzentrationen zu solchen Negativeffekten: Durch die Stimmkonzentration kommen gerade kleine Parteien trotz hoher Stimmzahlen nur auf wenige Mandate.

Verhältniswahl

Bei der Verhältniswahl wird die prozentuale Verteilung der abgegebenen Stimmen auf die Zusammensetzung der gewählten Ämter übertragen. Auf Parlamentswahlen bezogen bedeutet dies: Eine Partei, die beispielsweise 30 Prozent der abgegebenen Stimmen auf sich vereint, erhält auch 30 Prozent der zu vergebenden Sitze. Das Verhältniswahlsystem nach diesem Grundprinzip existiert jedoch nur in der Theorie. In der Praxis wird die Sitzvergabe auch im deutschen Wahlsystem – einer sogenannten personalisierten Verhältniswahl, die bei Bundestagswahlen und einigen Landtagswahlen genutzt wird – von zusätzlichen Faktoren bestimmt, die von der rein verhältnismäßigen Verteilung abweicht. So gilt bei den meisten Wahlen zum Beispiel die Fünf-Prozent-Hürde, die Parteien von der Sitzverteilung ausschließt, die in der Wahl weniger als fünf Prozent der Wählerstimmen auf sich vereinen konnten.

Außerdem stehen dem Wähler beim deutschen Wahlsystem zwei Stimmen zur Verfügung, mit denen er einerseits einen Direktkandidaten aus seinem Wahlkreis wählen kann (Erststimme), andererseits über die Sitzverteilung unter den antretenden Parteien mitentscheidet (Zweitstimme).

Die Bundesregierung

Das ausgeklügelte, für den Laien auf den ersten Blick sicherlich schwer verständliche Wahlsystem der Bundesrepublik verfolgt ein klares Ziel: auf demokratischer, grundgesetzkonformer Basis eine Regierung zu bestimmen, die einerseits die Mehrheit der Wähler abbildet, andererseits aber auch den Interessen der Stimmminderheit Gewicht verschafft.

Regierungsbildung

Durch Wahlen auf Landes- und Bundesebene werden Mehrheitsverhältnisse in Parlamenten geschaffen. Nach Maßgabe des Verhältniswahlrechts, mit den genannten Sonderregelungen, werden die vorhandenen Parlamentssitze unter den gewählten Parteien aufgeteilt.

Auf Bundesebene besteht die Regierungsbildung aus der parlamentsinternen Wahl eines Bundeskanzlers bzw. einer Bundeskanzlerin sowie der anschließenden Berufung der Bundesminister. Auf Landesebene besteht die zu bildende Regierung aus dem

Ministerpräsidenten / der Ministerpräsidentin und den Landesministern.

Mit der Regierungsbildung wird laut Grundgesetz die Partei beauftragt, die in Wahlen die absolute Mehrheit erzielt, also mehr als 50 Prozent der Wählerstimmen auf sich vereint hat. Da dies im deutschen Vielparteiensystem aktueller Ausprägung zumindest auf Bundesebene schon länger nicht mehr der Fall war, werden Regierungen heute üblicherweise von Koalitionen mehrerer Parteien gebildet. Üblicherweise steht es der stärksten Partei zu, potentielle Partner zu Sondierungs- und Koalitionsgesprächen einzuladen. Elementarer Bestandteil dieser Verhandlungen ist die Verteilung der Ministerposten zwischen den späteren Koalitionspartnern einer Regierungskoalition sowie grundsätzliche Fragen eines gemeinsamen Regierungsprogramms also der festgelegten Regierungsziele.

Grundsätzlich hat es in der deutschen Geschichte bereits fast alle denkbaren Koalitionsvarianten gegeben. Einige haben sich gewissermaßen als naheliegend durch die programmatische Nähe der beteiligten Parteien gewissermaßen über längere Perioden etabliert, wie vor allen Dingen die wiederholte Zusammenarbeit von CDU/CSU und FDP aber auch SPD und Bündnis 90/Grüne. Andere wiederum erschienen zumindest auf den ersten Blick ungewöhnlich aufgrund der erkennbaren Gegensätzlichkeit der Partner, wie zum Beispiel die sozialliberale Koalition aus SPD und FDP im sechsten und siebten Deutschen Bundestag von 1969 bis 1976.

Das Hinzukommen neuer Parteien erschwerte die Regierungsbildung zusätzlich. Koalitionen aus zwei Parteien, zumindest in den „erprobten" Kombinationen, reichen auf der einen Seite nicht mehr aus, um gemeinsam eine absolute Mehrheit im Bundestag zu erreichen. Andererseits sind verschiedene Dreierkombinationen zumindest auf Bundesebene bis heute eher Rechenmodelle als praktisch umsetzbare Partnerschaften, da die kombinierten Parteien ideologisch und inhaltlich zu weit voneinander entfernt sind, um tragfähige Einigungen in Koalitionsgesprächen zu finden, die auch tatsächlich eine gesamte Regierungsperiode übersteht. Einige Parteien gelten sogar aus Sicht der bis heute auf Bundesebene tonangebenden traditionellen Volksparteien als nicht koalitionsfähig. So werden auf Bundesebene zumindest von den Unionsparteien Sondierungsgespräche mit der Linkspartei und mit der AfD ausgeschlossen. Als Konsequenz aus dieser Situation blieb im 16. Bundestag (2005 bis 2009) sowie seit dem 18. Bundestag (2013 bis 2017) bis zum aktuellen 19. Bundestag einzig die Große Koalition aus Union und SPD als klar mehrheitsfähige Regierungskoalition.

Die Landesebene bildet auch historisch betrachtet oftmals einen Spiegel der Bundesebene. Trotzdem zeigen sich Unterschiede im Wahlverhalten, die in einer unterschiedlichen Machtverteilung in Bund und Ländern Ausdruck finden.

Auch wenn die Regierungsbildung in Landesparlamenten grundsätzlich nach dem gleichen Modus verläuft und sich Landesparteien überwiegend an ihren „Müttern", den Bundesparteien, orientieren, werden auf Landesebene zunehmend Experimente gewagt, die auf Bundesebene als zu unsicher gemieden werden. Es kommt vereinzelt sogar gewissermaßen zu Tabubrüchen oder zumindest wird immer lauter über solche nachgedacht. Als Folge finden sich nicht nur klassische Koalitionsmodelle wie solche aus CDU und FDP oder SPD und Grünen sowie „kleine“ große Koalitionen, sondern auch Bündnisse aus Grünen und CDU oder SPD und LINKE. Spätestens seit der Landtagswahl in Thüringen im Oktober 2019 trauen sich zumindest einzelne Landespolitiker sogar laut über Koalitionen mit der auf Bundesebene bisher pauschal ausgeschlossenen AfD nachzudenken.

Die Abgeordneten

Praktische Politik im Bundestag wird von dessen Mitgliedern gemacht. Dies beginnt mit der Wahl des Bundeskanzlers und geschieht täglich durch die Arbeit in Gruppen, Fraktionen, Ausschüssen, durch die Teilnahme an Debatten und letztlich durch Wahlen und Abstimmungen.

Mitglieder des Bundestags (MdB) sind Mandatsträger. Das heißt, sie üben ihre Tätigkeit als Volksvertreter aus, die durch Wahl bestimmt wurden. Dabei sind sie in ihren Entscheidungen frei und nur an das eigene Gewissen gebunden:

„Die Abgeordneten des Deutschen Bundestages werden in allgemeiner, unmittelbarer, freier, gleicher und geheimer Wahl gewählt. Sie sind Vertreter des ganzen Volkes, an Aufträge und Weisungen nicht gebunden und nur ihrem Gewissen unterworfen." (Art. 38, Abs. 1 GG)

Auch wenn das Grundgesetz also ausdrücklich die Unabhängigkeit des Abgeordneten in seinen Entscheidungen betont, zeigt die Praxis doch seit jeher überwiegend, was allgemein als Fraktionszwang bekannt ist: Nur in seltenen Ausnahmefällen stellen sich Abgeordnete zumindest öffentlich gegen eine auf Parteiebene getroffene Sach- oder Grundsatzentscheidung. Möglich und erlaubt ist ihnen dies jedoch sehr wohl.

Der Einzug in den Bundestag ist für Politiker der einzelnen Parteien auf zwei Wegen möglich: über ein Direktmandat (Erststimme) oder über eine Landesliste (Zweitstimme).

Mit der Mehrheit der Erststimmen in seinem Wahlkreis erhält ein Kandidat ein Bundestagsmandat, unabhängig davon, wie seine Partei insgesamt bei den Wahlen abschneidet.

Landeslisten werden von den Parteien auf sogenannten Wahlparteitagen aufgestellt. Sie enthalten alle Parteivertreter, die, in der Reihenfolge der Liste, die Sitze im Bundestag erhalten, welche der Partei nach dem Prinzip der Verhältniswahl in einer Bundestagswahl zugeteilt werden. Die Verteilung der Sitze auf die Länder erfolgt mathematisch. Dabei wird berechnet, wie viele Wählerstimmen bei der Wahl erforderlich waren, um einen Sitz im Bundestag zu erzielen. Anschließend werden die insgesamt zu vergebenen Sitze rechnerisch auf die Bundesländer verteilt. Schließlich erfolgt die Verteilung auf die einzelnen Parteien und die Besetzung auf Basis der Landeslisten.

Die meisten Direktkandidaten finden sich auch auf den vorderen Plätzen der Landeslisten. So soll gewährleistet sein, dass nach Ermessen der Partei wichtige Kandidaten mit großer Wahrscheinlichkeit einen Platz im Bundestag erlangen.

Im Sinne des Grundgesetzes sollen Abgeordnete als Volksvertreter in ihrer Gesamtheit ebenfalls einen Querschnitt durch die von ihnen vertretene Gesellschaft darstellen. Im Sinne des passiven Wahlrechts kann prinzipiell jeder wahlberechtigte deutsche Staatsbürger sich um das erforderliche Mandat bewerben. Neben den Gründen für einen Ausschluss vom Wahlrecht (vgl. „Das Wahlsystem“) bestehen nur wenige Gründe, die gegen eine Wahl zum Abgeordneten sprechen, welche sich aus der Unvereinbarkeit verschiedener Ämter ergeben. Von einer Mitgliedschaft im Deutschen Bundestag ausgeschlossen sind demnach zum Beispiel Richter am Bundesverfassungsgericht oder Mitglieder des Bundesrats.

In der Praxis zeigt sich jedoch, dass der Gedanke der gesellschaftlichen Repräsentanz ein frommer Wunsch bleibt. Auf den ersten Blick fällt auf, dass in nur zwei der insgesamt sieben Bundestagsfraktionen (Linke und Grüne) der Anteil an weiblichen Abgeordneten die 50 Prozent-Marke erreicht. In allen anderen wird das Ziel eines ausgeglichenen Geschlechterverhältnisses deutlich verfehlt.

Ähnlich verhält es sich beim Durchschnittsalter der Mitglieder des Bundestags. Der durchschnittliche Abgeordnete war bei Beginn der aktuellen Wahlperiode in 2017 49 Jahre alt. Hierbei gilt jedoch zu bedenken, dass auch das Durchschnittsalter der Wähler in Deutschland stetig ansteigt. Bei der Wahl 2017 lag das Medianalter bei 52 Jahren. Das heißt, mehr als die Hälfte aller Wahlberechtigten war älter als 52. Insofern spiegelt die Zusammensetzung des Bundestags durchaus die demografische Entwicklung.

Auch beruflich bilden die Abgeordneten des Bundestags nur bedingt einen Querschnitt durch die Gesellschaft. Knapp ein Drittel der Mitglieder des aktuellen Bundestags geben an, vor Übernahme des Mandats selbständig tätig gewesen zu sein. Das Gros stammt hier aus den freien Berufen. Überproportional vertreten sind Juristen sowie unternehmens- und steuerberatende Berufe. Die größte Gruppe der unselbständig tätigen Abgeordneten bilden Beamte, vor allen Dingen solche aus der Verwaltung und nicht zuletzt aus Bildung, Lehre und Forschung. Betrachtet man parallel die gesamtgesellschaftliche Zusammensetzung, zeigt sich auch hier ein deutliches Ungleichgewicht im Vergleich zwischen Repräsentierten und Repräsentanz. So sind von rund 45 Mio. Erwerbstätigen in Deutschland zum Beispiel nur knapp 10 Prozent Selbständige, der Anteil der Beamten liegt ebenfalls bei nur knapp vier Prozent.

Eine politische Karriere beginnt üblicherweise mit der Mitgliedschaft in einer Partei. Theoretisch können über das Direktmandat auch Parteilose zu Abgeordneten gewählt werden, bisher ist dies auf Bundesebene erst drei Kandidaten bei der Bundestagswahl 1949 gelungen. Erfolgreicher sind Einzelbewerber auf kommunaler Ebene.

Fraktionen

Abgeordnete stammen mehrheitlich aus Parteien und sind über ein Direktmandat oder die Landesliste eingezogen. Formal sind sie jedoch als MdB unabhängig und nur ihrem Gewissen und nicht einer Parteistruktur außerhalb des Parlaments verpflichtet. Da die meisten Abgeordneten von Landeslisten stammen und entsprechend einer parteipolitischen Karriere entstammen und ihren Erfolg auch den Parteiressourcen verdanken, besteht eine klare Parteizugehörigkeit auch im Bundestag.

Abgeordnete schließen sich entsprechend ihrer Parteizugehörigkeit in Fraktionen zusammen, üblicherweise tragen diese auch den Namen der Partei. Zur Bildung einer Fraktion sind mindestens fünf Prozent aller im Bundestag vertretenen Abgeordneten erforderlich.

Die Fraktionen sind wichtige Elemente der politischen Willensbildung im Parlament. Als organisatorischer Zusammenschluss erhalten Fraktionen finanzielle Unterstützung aus Bundesmitteln. Sie erhalten zusätzliche parlamentarische Rechte, schlagen zum Beispiel Kandidaten für die Wahl des Bundeskanzlers vor, besetzen Ausschüsse und bilden vor allem organisatorisch ein wichtiges Bindeglied zwischen dem Parlament im Ganzen und dem einzelnen Abgeordneten, das die politische Arbeit deutlich erleichtert, da sich zum Beispiel in Debatten mit der thematischen Stellung der Fraktion und nicht mit Einzelmeinungen jedes Abgeordneten auseinandergesetzt wird.

Die Größe einer Fraktion entscheidet über die Zusammensetzung von Ausschüssen, die Vergabe ihres Vorsitzes sowie über die Zusammensetzung des Ältestenrates und des Parlamentspräsidiums.

Geschlossenheit, also ein Auftreten, das insgesamt den Eindruck vermittelt, dass Abgeordnete einer Fraktion sich über Ziele und Strategien einig sind, ist für Fraktionen von elementarer Bedeutung. Uneinigkeit behindert nicht nur ihre Arbeitsfähigkeit, sie schadet auch erfahrungsgemäß dem öffentlichen Ansehen und damit den zukünftigen Wahlchancen der vertretenen Parteien. Dies gilt gleichermaßen für Regierungsfraktionen wie auch für die Oppositionsfraktionen. Da ein Fraktionszwang zumindest formal nach Grundgesetz ausgeschlossen ist, bauen Fraktionen auf das ungeschriebene Prinzip der Fraktionsdisziplin oder euphemistischer von den Fraktionen selbst ausgedrückt, auf Fraktionssolidarität.

Über anstehende Entscheidungen im Parlament wird üblicherweise zuvor fraktionsintern abgestimmt, an das Ergebnis fühlen sich Abgeordnete in aller Regel gebunden. Dies geschieht nicht allein aus Einsicht in politische Notwendigkeiten, sondern auch im Eigeninteresse. Kritiker betonen regelmäßig den Zwangscharakter einer vermeintlich überzeugten Parteitreue. Einzelne Abgeordnete, die sich erkennbar gegen die Mehrheitsentscheidung der eigenen Fraktion stellen, müssen nicht nur soziale Ausgrenzung fürchten, konkret kann sich ein solches Verhalten negativ auf die Chance einer Wiederwahl auswirken, da letztlich für jede Wahl der Kampf um einen Platz auf der Landesliste geführt werden muss. Außerdem sehen sich solche Abweichler dem Vorwurf ausgesetzt, mit ihrem Verhalten nach außen den Eindruck der Geschlossenheit der Fraktion zu untergraben und damit der eigenen Partei zu schaden.

Abgeordnete können eine Fraktion verlassen, verlieren damit aber Rechte, die nur Fraktionsmitgliedern zugestanden werden. Fraktionen können ihrerseits Mitglieder ausschließen, wenn diese sich fraktionsschädigend verhalten. Das hierfür erforderliche Verfahren ist jedoch kompliziert und gerichtlich anfechtbar. Im aktuellen 19. Bundestag sitzen insgesamt vier fraktionslose Abgeordnete, die alle freiwillig ihre Fraktionen und zudem auch die Partei verließen (zwei Abgeordnete der AfD, ein Abgeordneter der SPD) bzw. bei Gründung nicht in die Fraktion eintraten und ebenfalls die Partei verließen (eine Abgeordnete der AfD).

Auch innerhalb einer Koalition findet sich ein Pendant zum Fraktionszwang bzw. zur Fraktionsdisziplin. Im Gegensatz zur Situation in den Fraktionen ist diese sogar im Koalitionsvertrag festgeschrieben. So heißt es im aktuellen Koalitionsvertrag zwischen CDU, CSU und SPD wörtlich:

„Im Bundestag und in allen von ihm beschickten Gremien stimmen die Koalitionsfraktionen einheitlich ab. Das gilt auch für Fragen, die nicht Gegenstand der vereinbarten Politik sind. Wechselnde Mehrheiten sind ausgeschlossen." [4]

Solche Vereinbarungen dienen vor allen Dingen der Außenwirkung. Gerade schwierige Koalitionen wie eine große Koalition, die sich mehr noch als andere Modelle als Zweckbündnis über Parteidifferenzen hinweg präsentiert, werden von Wählern oft kritisch beobachtet. Ein Hinweis auf Uneinigkeit oder sogar Zerstrittenheit könnte allzu schnell als Scheitern der Regierung interpretiert werden und so nicht nur dem Unbeteiligten, sondern dem Ansehen der Politik im Ganzen Schaden zufügen. Koalitionsverträge enthalten deshalb Regelungen hinsichtlich koalitionsinterner Verfahren zur gemeinsamen Entscheidungsfindung, jenseits konkreter Abstimmungsverfahren im Parlament.

Opposition

Jede Wahl hat Gewinner und Verlierer. In jedem demokratischen System, egal ob es seine Regierung durch Mehrheitswahl zwischen zwei Parteien oder per Verhältniswahl aus einer Vielzahl von Interessenvertretungen auswählt, sind auch die Parteien an der politischen Entscheidungsfindung und Meinungsbildung beteiligt, die nicht über eine regierungsfähige Mehrheit verfügen.

Alle Abgeordneten, die nicht der oder den Regierungsfraktionen angehören, werden zusammenfassend als Opposition bezeichnet.

Entgegen der reinen Wortbedeutung muss die Opposition inhaltlich nicht grundsätzlich die entgegengesetzte Meinung zur Regierung vertreten. Einerseits gibt es in vielen politischen Streitthemen nicht nur die eine oder die andere Position, andererseits besteht zwischen Parteien in vielen Themen Konsens, während schon ein einzelner, elementarer Dissens eine Koalition verhindern kann und damit den Weg in die Opposition bestimmt.

Gerade in Regierungsperioden mit schwachen Mehrheiten können Entscheidungen oftmals nur mit Stimmen der Opposition bzw. nicht vollständig gegen sie getroffen werden. Sowohl auf Landes- als auch auf Bundesebene sind viele elementare Entscheidungen, zum Beispiel die Gesetzgebung, von einer Zweidrittelmehrheit abhängig. Selbst starke Koalitionen brachten es in der Geschichte der Bundesrepublik nur in Einzelfällen auf zwei Drittel der Parlamentssitze.

Die Opposition ist jedoch nicht nur das sprichwörtliche Zünglein an der Waage und Mehrheitsbringer bei schwerwiegenden politischen Entscheidungen. Ihre wesentliche Aufgabe besteht in der parlamentarischen Kontrolle. Abgeordnete der Opposition wirken in Ausschüssen mit, können Einsicht in Regierungsakten verlangen und auf die Beantwortung von Einzelfragen durch die Regierung bestehen. Ein weiteres wichtiges Instrument, für dessen Einsatz weniger als ein Viertel der Bundestagsmandate ausreicht, ist der Untersuchungsausschuss. Mit all diesen Instrumenten kontrolliert die Opposition die Arbeit der Regierung und zwingt diese im Zweifelsfall zur Rechtfertigung ihres Handelns. Vor allen Dingen ist es aber Recht und Aufgabe der Opposition, die Öffentlichkeit kritisch zu informieren. Um dies zu ermöglichen, nutzen Oppositionsparteien einerseits die mediale Berichterstattung, andererseits parlamentarische Werkzeuge wie öffentliche Aussprachen in Folge *Großer Anfragen oder Aktueller Stunden* zu politisch besonders relevanten Themen.

Der Bundeskanzler / Die Bundeskanzlerin

Stellung, Bedeutung und Ernennung des Bundeskanzlers werden im Grundgesetz präzise definiert:

„Die Bundesregierung besteht aus dem Bundeskanzler und aus den Bundesministern.“ (Art. 62, GG)

„Der Bundeskanzler bestimmt die Richtlinien der Politik und trägt dafür die Verantwortung. [...]“ (Art. 65, GG)

„Der Bundeskanzler wird auf Vorschlag des Bundespräsidenten vom Bundestage ohne Aussprache gewählt.“ (Art. 63, Abs. 1, GG)

Parteien die zur Bundestagswahl antreten, zumindest jene mit absehbaren Chancen auf eine Regierungsbildung, nominieren bereits vor Beginn des Wahlkampfs einen sogenannten Spitzenkandidaten, der sich im Falle einer Regierungsbildung als potentieller Regierungschef zur Wahl durch die Abgeordneten des neugewählten Bundestags stellt. Die Benennung des Kanzlerkandidaten erfolgt üblicherweise nach einer parteiinternen Wahl im Rahmen eines Parteitags.

Bundeskanzler sind historisch betrachtet selten Unbekannte geworden. Die meisten von ihnen hatten bereits vor ihrer Wahl Ämter inne, waren Ministerpräsidenten oder Bundesminister. Außerdem waren die meisten Amtsträger gleichzeitig Parteivorsitzende ihrer Bundespartei. Die Vereinigung von parteipolitischer Macht und damit verbundenem Rückhalt erscheint als logisch, ist aber keine zwingende Notwendigkeit.

Der Bundeskanzler wird vom Bundespräsidenten vorgeschlagen und schlägt seinerseits dem Bundespräsidenten die Minister zur Ernennung vor. Es obliegt ihm sogar, die Zahl der zu besetzenden Ministerien zu bestimmen. Das Grundgesetz gibt lediglich die Bildung der Bundesministerien für Verteidigung, Justiz und Finanzen vor.

In der Entscheidung, wen der Bundespräsident zur Wahl vorschlägt, ist er formal frei. In der Praxis geschieht es jedoch auf Basis vorangehender Gespräche mit den Partei- und Fraktionsspitzen, sodass letztlich der schon im Wahlkampf genannte Spitzenkandidat der stärksten Partei bzw. der stärksten Fraktion zur Wahl des Bundeskanzlers steht und mit der absoluten Mehrheit der Stimmen gewählt wird. Gelingt dies im ersten Wahlgang nicht, beginnt eine zweite Wahlphase. Aus dem Bundestag heraus können innerhalb von maximal zwei Wochen Kandidaten zur Wahl des Bundeskanzlers vorgeschlagen werden, die mindestens ein Viertel der Abgeordneten hinter sich vereinen müssen, um sich wiederum zur Wahl zu stellen. Kommt es zum dritten Wahlgang, weil auch im zweiten kein Kandidat die erforderliche absolute Mehrheit erzielt, reicht diesmal die einfache Mehrheit der Stimmen. Fällt im dritten Wahlgang eine Entscheidung in absoluter Mehrheit, muss der Bundespräsident den Gewählten binnen sieben Tagen zum Bundeskanzler ernennen. Entscheidet nur die relative Mehrheit, steht es ihm frei, die Ernennung zu verweigern oder den Bundestag aufzulösen, um Neuwahlen einzuleiten. Diese Regelungen sind historisch betrachtet blanke Theorie: Bis zum heutigen Tage wurden alle Bundeskanzler der Bundesrepublik Deutschland im ersten Wahlgang gewählt.

Der gewählte Bundeskanzler wird vom Bundespräsidenten vereidigt. Der hierbei verwandte Eid entstammt dem Grundgesetz, Artikel 56:

„Ich schwöre, dass ich meine Kraft dem Wohle des deutschen Volkes widmen, seinen Nutzen mehren, Schaden von ihm wenden, das Grundgesetz und die Gesetze des Bundes wahren und verteidigen, meine Pflichten gewissenhaft erfüllen und Gerechtigkeit gegen jedermann üben werde. So wahr mir Gott helfe."

Die religiöse Bezugnahme kann auf Wunsch des zukünftigen Bundeskanzlers entfallen. In der Geschichte der Bundesrepublik hat bisher Gerhard Schröder (SPD) als erster und einziger Bundeskanzler auf die religiöse Formel verzichtet. Auch Minister werden vereidigt und können auf Wunsch auf den religiösen Bezug verzichten. Nur drei der neun amtierenden Minister machten von diesem Recht Gebrauch.

Auch in diesem Detail zeigt sich die trotz Säkularisierung nach wie vor gegebene Verbindung zwischen Politik und Religion. (vgl. „Politik und Religion“)

Die Richtlinienkompetenz des Bundeskanzlers bezieht sich in erster Linie auf die Arbeit in den Ministerien. Der Bundeskanzler gibt diesen einen Rahmen vor, innerhalb dessen sie eigenständig arbeiten. Kommt es zu inhaltlichen Auseinandersetzungen zwischen verschiedenen Ministerien, kann er ebenfalls von seiner Richtlinienkompetenz Gebrauch machen, um eine Entscheidung herbeizuführen.

Der Bundespräsident

Entgegen der auf den ersten Blick berechtigten Annahme, der Bundeskanzler sei als politisch mächtigste Instanz im Land auch dessen Oberhaupt, ist er „nur“ Regierungschef und der Bundespräsident das Staatsoberhaupt der Bundesrepublik Deutschland. Dieser Umstand wird im politischen Alltag jedoch selten von außen erkennbar, was vor allen Dingen daran liegt, dass er sich üblicherweise mit Stellungnahmen zur Tagespolitik zurückhält und an der eigentlichen Regierungsarbeit im Parlament nicht beteiligt ist.

Das Amt des Bundespräsidenten ist in erster Linie historisch motiviert und eine Weiterführung der Tradition des Reichspräsidenten. Ebenfalls historisch begründet ist die starke Einschränkung der Machtbefugnis des Bundespräsidenten im Vergleich zu jener des Reichspräsidenten. Die weitreichenden Befugnisse des Reichspräsidenten wurden von den Vätern des Grundgesetzes letztlich dafür mitverantwortlich gemacht, dass es zum Aufstieg der Nationalsozialisten unter Adolf Hitler kommen konnte. Notverordnungen erlaubten es in der Weimarer Republik dem Reichspräsidenten, über Erlasse ein gewähltes Parlament faktisch zu entmachten. Um den Missbrauch solcher Verordnungen zu vermeiden, wurde mit dem Grundgesetz die Funktion des Bundespräsidenten so weit eingeschränkt, dass heute tatsächlich eher von einer repräsentativen Funktion gesprochen werden kann. Zwar stehen ihm formal einige Rechte zu, wie zum Beispiel der Vorschlag eines Kandidaten zur Wahl des Bundeskanzlers, in der politischen Praxis werden Entscheidungen wie diese von ihm jedoch nicht vollständig frei gefällt, sondern von einer gewählten Regierung vorgegeben. Die Aufgaben des Bundespräsidenten lassen sich grundsätzlich in zwei Gruppen einteilen: verfassungswahrende Kontrollfunktionen und Repräsentations- sowie Integrationsfunktionen.

Ministerien und ihre Aufgaben

Auf Bundesebene sind die Ministerien die obersten Bundesbehörden. Sie bilden das Bindeglied zwischen Politik und Verwaltung. In den einzelnen Ministerien arbeiten Verwaltungsbeamte und Angestellte im öffentlichen Dienst unter der obersten Leitung eines Bundesministers, der seinerseits ein politisches Amt ausübt.

Die Ministerien setzen in ihrer Arbeit auf Ressorts verteilt die politischen Richtlinien des amtierenden Bundeskanzlers um. Ressorts sind thematische Teilbereiche der politischen Arbeit, die im Laufe der Geschichte immer weiter ausdifferenziert wurden, um den Spezialaufgaben des Zusammenlebens im Staat und internationalen Beziehungen besser gerecht zu werden.

Die aktuelle Bundesregierung umfasst 14 Bundesminister/innen mit unabhängigen Ressorts:

- Außenministerium (Auswärtiges Amt)
- Bundesministerium für Arbeit und Soziales (BMAS)
- Bundesministerium für Bildung und Forschung (BMBF)
- Bundesministerium für Ernährung und Landwirtschaft (BMEL)
- Bundesministerium für Familie, Senioren, Frauen und Jugend (BMFSFJ)
- Bundesministerium der Finanzen (BMF)
- Bundesministerium für Gesundheit (BMG)
- Bundesministerium des Innern (BMI)
- Bundesministerium der Justiz und für Verbraucherschutz (BMJV)
- Bundesministerium für Umwelt, Naturschutz, Bau und Reaktorsicherheit (BMUB)
- Bundesministerium für Verkehr und digitale Infrastruktur (BMVI)

- Bundesministerium der Verteidigung (BMVg)
- Bundesministerium für Wirtschaft und Energie (BMWi)
- Bundesministerium für wirtschaftliche Zusammenarbeit und Entwicklung (BMZ)

Die einzelnen Minister stellt die Regierungsfraktion. Im Falle einer Koalition ist die Vergabe Bestandteil der Koalitionsverhandlungen und entsprechend hart umkämpft.

Jeder Bundesminister leitet das ihm zugeteilte Ressort im Rahmen der Richtlinien selbständig und in Eigenverantwortung, dabei lassen sich Ressorts nicht in allen Sachfragen scharf voneinander abgrenzen. Scheitert das allgemeine Ressortprinzip und kommt es zu Auseinandersetzungen zwischen Ministern, wird innerhalb des Kabinetts, also in der aus allen Ministern und dem Bundeskanzler gebildeten Regierung, abgestimmt. Die abschließende Entscheidungsgewalt liegt jedoch beim Bundeskanzler. Die gemeinsame Abstimmung über Fragen einzelner Ressorts bezeichnet man als Kollegialprinzip.

Ein großer Teil der Verantwortlichkeit eines Ministers ergibt sich aus seiner Kabinettszugehörigkeit. Als Behördenleiter unterstützen die Minister deshalb Staatssekretäre als Beamte in der täglichen Arbeit innerhalb der Ministerien. Im Parlament unterstehen den Ministern parlamentarische Staatssekretäre, die sie im täglichen Parlamentsbetrieb und bei öffentlichen Terminen vertreten.

Lobbyismus

Eine Hauptaufgabe der Politik besteht darin, unterschiedliche, zum Teil gegenläufige Interessen miteinander in Einklang zu bringen. Interessengruppen sollen, entsprechend ihrer Bedeutung für die Bevölkerungsmehrheit, natürlich unter Beachtung der Grundprinzipien des Minderheitenschutzes, zum Beispiel in der Gesetzgebung Berücksichtigung finden.

Die einzelnen Gruppen, vor allen Dingen solche in wirtschaftlich exponierter Position, wie Berufsverbände oder Interessenvertretungen einzelner Wirtschaftszweige, versuchen aktiv auf die Politik Einfluss zu nehmen. Als Lobbyismus bezeichnet man die Summe aller Maßnahmen, die von Vertretern dieser Gruppen ergriffen werden, um den eigenen Interessen Gehör zu verschaffen und Einfluss sowohl auf die politische Willensbildung als auch auf die parlamentarische Entscheidungsfindung zu nehmen und so geeignete Voraussetzung für das Erreichen eigener, meist wirtschaftlicher Ziele zu schaffen.

Der Begriff Lobbyismus wird verbreitet in der Öffentlichkeit negativ bewertet. Oft steht der Vorwurf im Raum, Unternehmen oder Interessenvertretungen einzelner Wirtschaftszweige würden sich politische Mitbestimmung kaufen, indem sie politische Entscheider, zum Beispiel Abgeordnete, hofieren und mehr oder weniger explizit bestechen, um so Einfluss auf deren Votum in politischen Entscheidungen zu nehmen. Als weniger belastete Begriffe verwenden Beteiligte deshalb auch Bezeichnungen wie Public Affairs, Politikberatung oder politische Kommunikation.

Lobbyismus beinhaltet ebenfalls die allgemeine Presse- und Öffentlichkeitsarbeit der Interessengruppen. Ihre Aufgabe besteht darin, in der Gesamtbevölkerung ein positives Bild zu erzeugen und so letztlich auch beim Wähler eine positive Grundhaltung zu erzeugen. Der Einfluss der Medien auf die politische Meinungs- und Willensbildung wird dabei schon lange erkannt und findet in der Bezeichnung der Massenmedien als „vierte Gewalt“ bildlich Ausdruck. Der Lobbyismus selbst wird vereinzelt auch als „fünfte Gewalt“ bezeichnet, da auch er in der Lage ist, die Politik maßgeblich zu beeinflussen.

Lobbyismus ist nicht automatisch mit Bestechung oder Korruption gleichzusetzen. Auch wenn es konkrete Fälle gegeben hat, in denen illegale Methoden genutzt wurden, um Einfluss auf parlamentarische Entscheidungen zu nehmen, sind beide Seiten heute doch ausgesprochen darum bemüht, sich selbst nicht dem Vorwurf der Illegalität auszusetzen. Natürlich nutzt der Lobbyismus vorhandene finanzielle Mittel, um den eigenen Standpunkten Gehör zu verschaffen. Dies geschieht jedoch in der Praxis deutlich weniger undurchsichtig und zwielichtig als es gelegentlich dargestellt wird.

Zwei Werkzeuge sind für den Lobbyismus elementar: Kontaktpflege und Information.

Einerseits sind Lobbyisten vor Ort, also ausgewählte Vertreter der jeweiligen Interessengruppe, aktiv darum bemüht, Kontakte zu politischen Entscheidern herzustellen und diese dauerhaft zu pflegen. Andererseits bieten Lobbyisten diesen politischen Entscheidern gezielt ihre Hilfe an. Abhängig von ihrem jeweiligen Aufgabengebiet und aktuell relevanten politischen Themen müssen sich Politiker immer wieder mit komplexen Fachthemen aus unterschiedlichsten Lebensbereichen befassen. Nicht selten wechseln Abgeordnete in ihren Fraktionen oder auch Minister und ihre Staatssekretäre von einer zur anderen Legislaturperiode oder gegebenenfalls sogar innerhalb einer Wahlperiode ihren fachlichen Verantwortungsbereich: Ein Bundesumweltminister wird zum Bauminister oder sogar zum Außenminister, ein wirtschaftspolitischer Sprecher einer Bundestagsfraktion zum Verantwortlichen für Jugend und Familienpolitik und das alles, obwohl in der eigenen Vita kein unmittelbarer Bezug zum Fachthema zu erkennen ist, der Politiker zum Beispiel vor seiner Karriere als Rechtsanwalt tätig war. Für die Entscheidungsfindung in Sachfragen erforderliches Fachwissen muss sich ein Politiker aus diesem Grund in den meisten Fällen selbst erst aneignen. Abgeordnete des Bundestages bedienen sich hierzu eigener wissenschaftlicher Mitarbeiter oder des wissenschaftlichen Dienstes des Bundestags. Daneben machen sich Lobbyisten ihre fachbezogenen Einblicke in unterschiedliche wirtschaftliche und wissenschaftliche Bereiche zunutze und versorgen Abgeordnete ihrerseits mit Informationen und stellen sich als Ansprechpartner zur Verfügung. So findet ein Austausch zwischen der Politik und den einzelnen Interessengruppen statt, bei dem auch die Lobbyisten verwertbare Informationen sammeln, die in die eigenen strategischen Überlegungen und Handlungsentscheidungen einfließen.

So gesehen ist Lobbyismus also von einem Geben und Nehmen gekennzeichnet, das beiden Seiten Vorteile verspricht. Trotzdem kann und muss Lobbyismus auch kritisch betrachtet werden. Bestechung und Vorteilsnahme sind in Deutschland verboten und werden vom Strafgesetzbuch mit deutlichen Strafen geahndet. Trotzdem ist allein die Tatsache, dass immer wieder Politiker nach dem Ende ihrer Amtszeit selbst in der Wirtschaft und in Interessenverbänden tätig werden, ein Grund für eine gewisse Skepsis hinsichtlich der Unabhängigkeit politischer Entscheidungen von wirtschaftlicher Einflussnahme durch den Lobbyismus.

Politische Partizipation

Politik lebt vom Individuum. Auch wenn der Beruf des Politikers erkennbare Vorteile mit sich bringt, ist er doch auch mit sehr viel Arbeit und einer hohen persönlichen Belastung verbunden. Gerade in den letzten Jahren stehen Politiker zunehmend unter Druck. Anfeindungen aus der Öffentlichkeit bis hin zu Diffamierung und Drohung sind heute leider an der Tagesordnung. Das gesamte politische System kann nur funktionieren, solange sich Menschen finden, die dazu bereit sind, diese Belastungen auf sich zu nehmen. Die Motive hierfür sind sicherlich unterschiedlicher Natur, vom reinen Altruismus, dem Interesse am Gemeinwohl, bis hin zu egoistischen Machtinteressen ist alles vertreten. Der oft betonte finanzielle Reiz eines Amtes kann nicht zuletzt vor dem Hintergrund der beruflichen Vita der meisten Politiker meist relativiert werden.

Der Einzelne fühlt sich in politischen Dingen nicht selten machtlos. Auch wenn Wahlen als zentrales Element eines demokratischen Systems jedem Bürger die Möglichkeit geben, sich gestaltend zu beteiligen, führt gerade die parlamentarische Demokratie, in der gewählte Vertreter politische Einzelentscheidungen treffen, zu einer Situation, in der immer mehr Bürger das Gefühl haben, gewissermaßen von „oben“ regiert zu werden, ohne selber aktiv Einfluss nehmen zu können.

Dabei sieht das politische System der Bundesrepublik zahlreiche Möglichkeiten vor, wie auch der Einzelne seiner Stimme, über den Gang zur Wahlurne hinaus, nicht nur Gehör verschaffen kann, sondern sie in den politischen Alltag einfließen lassen kann.

Kommunalpolitik

Die politische Arbeit auf kommunaler Ebene, in Städten, Gemeinden und Landkreisen, bildet eine eigenständige Ebene im politischen System. Das Prinzip der kommunalen Selbstverwaltung ist im Grundgesetz in Artikel 28 festgeschrieben. Hier heißt es:

„Den Gemeinden muß das Recht gewährleistet sein, alle Angelegenheiten der örtlichen Gemeinschaft im Rahmen der Gesetze in eigener Verantwortung zu regeln. [...]“ (Art. 28, Abs. 2, GG)

Einwohner einer Stadt oder einer Gemeinde wählen ihre Gemeindevertretung und etwa einen Bürgermeister unabhängig, die gewählten Vertreter treffen eigenständige politische Entscheidungen, setzen diese eigenverantwortlich um. Zur Finanzierung verfügen sie über die sogenannte Erhebungshoheit, die es ihnen erlaubt, Steuern, Gebühren und Beiträge zu erheben und nach eigenem Ermessen zu verwenden.

Betrachtet man die Biografien der meisten Bundespolitiker, ist die Kommunalpolitik der verbreitete Einstieg in die aktive Beteiligung. Über das Engagement in einer ortsansässigen politischen Partei führt der Weg auf eine Wahlliste und über Wahlen in Stadträte oder Gemeinderäte. Ihnen folgen in den klassischen politischen Karrieren Landräte und schließlich der Bundestag. Natürlich ist ein solcher politischer Werdegang nicht vorgezeichnet und von zahllosen Eventualitäten abhängig. Karrieren absoluter Neulinge auf den größeren Bühnen der Tagespolitik sind zwar grundsätzlich nicht unmöglich, so wechseln zum Beispiel immer wieder auch erfolgreiche Persönlichkeiten aus der Wirtschaft in die Politik, betrachtet man jedoch den politischen Werdegang der meisten Berufspolitiker, erkennt man überwiegend Arbeitskarrieren, die über viele Jahre, verschiedene Parteiorganisationen, Posten und Ämter verlaufen.

Kommunale Politik ist in weiten Teilen ehrenamtlich. Nicht zuletzt durch diesen Umstand sind die Einstiegsschwellen vergleichsweise niedrig. Gerade in kleineren Gemeinden besteht ein deutlicher Mangel an freiwilligem Engagement. Umso einfacher gelingt individuelles Engagement. Gleichzeitig sind es vor allem die kommunalen Entscheidungen, die unsere Wahrnehmung der Politik bestimmen. Wenn nach langem Ringen ein Fußgängerüberweg an einer Schule gebaut wird oder eine kommunale Einrichtung gefördert wird, vermittelt dies oft einen stärkeren Eindruck von politischer Arbeit und Mitbestimmung als die zahlreichen abstrakten politischen Entscheidungen auf Bundesebene.

Bürgerinitiativen

Bürgerinitiativen stellen eine basisdemokratische Alternative zur Arbeit in Parteien und Parlamenten dar. Als Interessenvereinigungen aus der Bevölkerung heraus befassen sie sich mit einzelnen Sachthemen, oft, aber nicht ausschließlich, schwerpunktmäßig auf kommunaler Ebene.

Vergleichbar dem Lobbyismus versuchen Bürgerinitiativen vorrangig, den eigenen Interessen und Zielen öffentlich Gehör zu verschaffen und Einfluss auf die Meinungsbildung von Wählern sowie auf Parteien und die politische Entscheidungsfindung zu nehmen.

Wie eine Bürgerinitiative formal organisiert wird, ist nicht festgelegt. Meist entsteht sie auf Betreiben Einzelner, die von dem behandelten Sachverhalt betroffen sind und sich mit Gleichgesinnten zusammentun. Oft führt der gemeinsame Weg als erster Schritt zur Gründung eines Vereins. Möglich ist auch die Gründung einer Wählergemeinschaft auf kommunaler Ebene oder sogar einer Partei. Das beste Beispiel hierfür ist die Partei Bündnis 90/Die Grünen, deren Ursprünge in verschiedenen Bürgerinitiativen der Anti-Atomkraft- und Umweltbewegung und der Friedensbewegung zu finden sind.

Bürgerinitiativen treten durch verschiedene Aktionen in Erscheinung. Sie informieren die Öffentlichkeit, veranstalten Demonstrationen, sammeln Unterschriften, starten Petitionen oder initiieren Bürgerbegehren und nehmen so aktiv Einfluss auf die politische Meinungsbildung.

Demonstrationen

Die Europäische Grundrechtscharta, die Europäische Menschenrechtskonvention und das deutsche Grundgesetz garantieren die Versammlungsfreiheit. Demonstrationen sind im Sinne des Versammlungsrechts öffentliche Versammlungen zur Ausübung des Rechts auf freie Meinungsäußerung. Die Versammlungsfreiheit wird auf Landes- und auf Bundesebene durch

Versammlungsgesetze beschränkt. Als *„unentbehrliches Funktionselement des demokratischen Gemeinwesens“* („Brokdorf-Beschluss“ des Bundesverfassungsgerichts) sind Demonstrationen nicht genehmigungspflichtig, sie müssen jedoch mindestens 48 Stunden im Voraus angemeldet werden.

Demonstrationen werden genutzt, um eine möglichst große Öffentlichkeit für politische Forderungen aus der Gesellschaft zu schaffen und so letztlich Einfluss auf die politische Willensbildung und Entscheidungsfindung zu nehmen. Friedliche Demonstrationen sollen den politisch Verantwortlichen vor allen Dingen vor Augen führen, welche Entscheidungen auf Widerstand stoßen. Insbesondere auf kommunaler Ebene können Demonstrationen die politisch Verantwortlichen schnell dazu bewegen, den Forderungen der Demonstrierenden Rechnung zu tragen. Insgesamt können Demonstrationen aber nur ein Bestandteil politischen Engagements sein. Sie schaffen die notwendige Aufmerksamkeit, die weitere Maßnahmen wie Petitionen oder Bürgerbegehren benötigen, um erfolgreich zu sein.

Auch wenn Demonstrationen gerade in Deutschland in der Vergangenheit oft als sinnlos belächelt wurden und die mit ihnen verbundenen Unannehmlichkeiten für Einzelne eher ein Ärgernis darstellten, zeigen die letzten Jahre zunehmend, dass sie durchaus in der Lage sind, Einfluss auf Wahlentscheidungen zu nehmen. Betrachtet man den Erfolg solcher Bewegungen wie Blockupy oder Fridays for Future, liegt die Vermutung nahe, dass auch und vor allen Dingen das öffentliche Auftreten dazu beigetragen haben, dass Kapitalismuskritik und Klimaschutz heute Themen sind, denen sich auch die großen Parteien und mit ihnen die Regierung nicht mehr verschließen können.

Bürger- und Volksentscheide

Grundsätzlich sieht das politische System der Bundesrepublik Deutschland als parlamentarische Demokratie plebiszitäre Elemente der direkten Demokratie nur sehr begrenzt vor. Ein solches Werkzeug der direkten Entscheidungsfindung durch sachbezogene Bürgerbefragung auf kommunaler Ebene ist der Bürgerentscheid. Als

Ratsbegehren werden Bürgerentscheide von den gewählten Vertretern selbst initiiert, sie können aber auch aus einem Bürgerbegehren hervorgehen, in dem zum Beispiel Bürgerinitiativen durch Unterschriftensammlungen ein ausreichend großes Interesse der Bürger belegen.

Bürgerentscheide sind eine Abstimmung über einzelne Sachfragen, mit vorgegebener Auswahlmöglichkeit, die nach den Grundsätzen der freien, gleichen und geheimen Wahl mit „ja“ oder „nein“ getroffen werden. Auf kommunaler Ebene wird beispielsweise per Bürgerentscheid über Stadtbauprojekte entschieden. 2013 stimmte als weiteres Beispiel die Stadt München über die Bewerbung für die Olympischen Winterspiele 2022 ab (wobei sich gut 52 Prozent der Abstimmungsteilnehmer dagegen entschieden).

Bürgerentscheide sind im Grundsatz verbindlich, das heißt, die gefällte Entscheidung muss von der Politik umgesetzt werden. Als abgemilderte, nicht verbindliche Abstimmungsmöglichkeit kommt die Bürgerbefragung zum Einsatz, die dazu dient, ein allgemeines Meinungsbild zu erlangen. Auch wenn Bürgerentscheide verbindlich sind, bieten sich der Kommunalverwaltung verschiedene Möglichkeiten, eine Umsetzung letztlich zu umgehen. Offiziell sind Bürgerentscheide wie Ratsentscheide zu behandeln und innerhalb von sechs Monaten nach Feststellung der Zulässigkeit umzusetzen. Seine Verbindlichkeit kann jedoch durch neuerliche politische Entscheidungen und durch einen sogenannten Abhilfebescheid ausgehebelt werden. Eine Ausnahme in Fragen der Verbindlichkeit bilden zudem die Stadtstaaten Berlin und Hamburg, die grundsätzlich die Umsetzung eines Bürgerentscheids ablehnen können, wenn dieser übergeordneten Interessen entgegenstehen.

Auf Landes- und Bundesebene werden vergleichbare Abstimmungen als Volksentscheide bezeichnet. Auf Bundesebene gibt es nach aktueller Rechtslage nur einen einzigen Sachgrund für einen Volksentscheid: die Neugliederung des Bundesgebiets, also die Umgestaltung der derzeit 16 Bundesländer. Volksentscheide zu anderen Sachthemen sind derzeit nicht möglich. Die wiederholt geäußerte Forderung einer diesbezüglichen Grundgesetzänderung, die auch auf Bundesebene Volksentscheide zu anderen Sachthemen möglich machen würde, hat bisher keinen Erfolg gehabt.

Fazit

„Politik ähnelt der Arbeit in der Familie: Es wird viel erwartet, wenig anerkannt das meiste bleibt unsichtbar."

(Rita Süssmuth)

Über Politik wurde viel geschrieben und noch mehr gesprochen. Fast jeder Mensch ärgert sich irgendwann einmal über sie oder ihre Akteure und nicht wenige resignieren beim Versuch sie zu verstehen und ihre Entscheidungen samt deren Auswirkungen nachzuvollziehen. Dabei ist eine Erkenntnis jedoch von zentraler Bedeutung: Politik ist in der Demokratie insgesamt nicht etwas, das allein in ominösen Hinterzimmern stattfindet, von denen der Normalbürger ausgeschlossen bleibt und das ihm lediglich als Diktat „von oben" begegnet. Politik folgt Regeln und Vorschriften und bietet an fast jeder Stelle dem Einzelnen die Möglichkeit, Einfluss zu nehmen, mitzugestalten und sogar, wenn nötig, sich zur Wehr zu setzen. Niemand ist vollkommen hilflos und niemand sollte sich selber als unbeteiligt ansehen.

Einflussnahme beginnt in der Demokratie mit der Wahrnehmung des Wahlrechts und bietet bis hin zum eigenen politischen Engagement in Form der Ausübung des aktiven Wahlrechts, also der Bewerbung um ein politisches Amt, zahlreiche Möglichkeiten der Beteiligung und Partizipation. Für all dies ist eines jedoch unerlässlich: Interesse. Nur wer erkennt, wie interessant, wenn auch komplex, Politik sein kann und sich aktiv mit ihren Gesetzmäßigkeiten auseinandersetzt, ist in der Lage, politische Abläufe und Entscheidungen nachzuvollziehen, zu verstehen und nach den eigenen Maßstäben zu bewerten.

Mit dem vorliegenden Buch ist es mir hoffentlich gelungen, die eine oder andere offene Frage zumindest in Grundzügen zu beantworten. Vor allen Dingen aber hoffe ich, Ihr Interesse am Thema Politik geweckt zu haben und eine weitere Auseinandersetzung anzustoßen. Ob damit der Grundstein für eigenes politisches Engagement gelegt wurde oder „nur“ ein besseres Verständnis der täglichen Berichterstattung und damit eine fundierte Entscheidung am Wahltag möglich wird, ist eine Entscheidung, die jedem Einzelnen offen steht.

Quellen

[1] Thomas Bernauer et al.: Einführung in die Politikwissenschaft. Studienkurs Politikwissenschaft. Nomos Verlagsgesellschaft, Baden-Baden 2009, S. 32.

[2] Freedom in The World 2018 by Freedom House, January 5, 2018

[3] Quelle: Internet, https://de.statista.com

[4] „Ein neuer Aufbruch für Europa. Eine neue Dynamik für Deutschland. Ein neuer Zusammenhalt für unser Land.", Koalitionsvertrag zwischen CDU, CSU und SPD, 19. Legislaturperiode

[5] BVerfG, Beschluss des Zweiten Senats vom 29. Januar 2019 - 2 BvC 62/14 -, Rn. (1-142)

Haftungsausschluss

Die Umsetzung aller enthaltenen Informationen, Anleitungen und Strategien dieses E-Books erfolgt auf eigenes Risiko. Für etwaige Schäden jeglicher Art kann der Autor aus keinem Rechtsgrund eine Haftung übernehmen. Für Schäden materieller oder ideeller Art, die durch die Nutzung oder Nichtnutzung der Informationen bzw. durch die Nutzung fehlerhafter und/oder unvollständiger Informationen verursacht wurden, sind Haftungsansprüche gegen den Autor grundsätzlich ausgeschlossen. Ausgeschlossen sind daher auch jegliche Rechts- und Schadensersatzansprüche. Dieses Werk wurde mit größter Sorgfalt nach bestem Wissen und Gewissen erarbeitet und niedergeschrieben. Für die Aktualität, Vollständigkeit und Qualität der Informationen übernimmt der Autor jedoch keinerlei Gewähr. Auch können Druckfehler und Falschinformationen nicht vollständig ausgeschlossen werden. Für fehlerhafte Angaben vom Autor kann keine juristische Verantwortung sowie Haftung in irgendeiner Form übernommen werden.

Urheberrecht

Impressum

1. Auflage

Kontakt: Sven Krause / Salzdahlumer Str. 134 /

38302 Wolfenbüttel

Printed in Poland
by Amazon Fulfillment
Poland Sp. z o.o., Wrocław

61644449R00072